U0508835

物化历史系列

石器史话

A Brief History of
Stone Artifacts in China

李宗山 / 著

社会科学文献出版社
SOCIAL SCIENCES ACADEMIC PRESS (CHINA)

图书在版编目（CIP）数据

石器史话/李宗山著 . —北京：社会科学文献出版
社，2012.1
（中国史话）
ISBN 978 – 7 – 5097 – 2981 – 6

Ⅰ.①石…　Ⅱ.①李…　Ⅲ.①石器时代文化 – 介
绍 – 中国　Ⅳ.①K876.2

中国版本图书馆 CIP 数据核字（2011）第 264907 号

"十二五"国家重点出版规划项目

中国史话·物化历史系列

石器史话

著　　者／李宗山

出 版 人／谢寿光
出 版 者／社会科学文献出版社
地　　址／北京市西城区北三环中路甲 29 号院 3 号楼华龙大厦
邮政编码／100029

责任部门／人文科学图书事业部　（010）59367215
电子信箱／renwen@ ssap. cn
责任编辑／陈桂筠
责任校对／周志宽
责任印制／岳　阳
总 经 销／社会科学文献出版社发行部
　　　　　（010）59367081　59367089
读者服务／读者服务中心（010）59367028

印　　装／北京画中画印刷有限公司
开　　本／889mm×1194mm　1/32　印张／6.125
版　　次／2012 年 1 月第 1 版　　字数／120 千字
印　　次／2012 年 1 月第 1 次印刷
书　　号／ISBN 978 – 7 – 5097 – 2981 – 6
定　　价／15.00 元

总　序

　　中国是一个有着悠久文化历史的古老国度，从传说中的三皇五帝到中华人民共和国的建立，生活在这片土地上的人们从来都没有停止过探寻、创造的脚步。长沙马王堆出土的轻若烟雾、薄如蝉翼的素纱衣向世人昭示着古人在丝绸纺织、制作方面所达到的高度；敦煌莫高窟近五百个洞窟中的两千多尊彩塑雕像和大量的彩绘壁画又向世人显示了古人在雕塑和绘画方面所取得的成绩；还有青铜器、唐三彩、园林建筑、宫殿建筑，以及书法、诗歌、茶道、中医等物质与非物质文化遗产，它们无不向世人展示了中华五千年文化的灿烂与辉煌，展示了中国这一古老国度的魅力与绚烂。这是一份宝贵的遗产，值得我们每一位炎黄子孙珍视。

　　历史不会永远眷顾任何一个民族或一个国家，当世界进入近代之时，曾经一千多年雄踞世界发展高峰的古老中国，从巅峰跌落。1840年鸦片战争的炮声打破了清帝国"天朝上国"的迷梦，从此中国沦为被列强宰割的羔羊。一个个不平等条约的签订，不仅使中国大量的白银外流，更使中国的领土一步步被列强侵占，国库亏空，民不聊生。东方古国曾经拥有的辉煌，也随着西方列强坚船利炮的轰击而烟消云散，中国一步步堕入了半殖民地的深渊。不甘屈服的中国人民也由此开始了救国救民、富国图强的抗争之路。从洋务运动到维新变法，从太平天国到辛亥革命，从五四运动到中国共产党领导的新民主主义革命，中国人民屡败屡战，终于认识到了"只有社会主义才能救中国，只有社会主义才能发展中国"这一道理。中国共产党领导中国人民推倒三座大山，建立了新中国，从此饱受屈辱与蹂躏的中国人民站起来了。古老的中国焕发出新的生机与活力，摆脱了任人宰割与欺侮的历史，屹立于世界民族之林。每一位中华儿女应当了解中华民族数千年的文明史，也应当牢记鸦片战争以来一百多年民族屈辱的历史。

当我们步入全球化大潮的 21 世纪，信息技术革命迅猛发展，地区之间的交流壁垒被互联网之类的新兴交流工具所打破，世界的多元性展示在世人面前。世界上任何一个区域都不可避免地存在着两种以上文化的交汇与碰撞，但不可否认的是，近些年来，随着市场经济的大潮，西方文化扑面而来，有些人唯西方为时尚，把民族的传统丢在一边。大批年轻人甚至比西方人还热衷于圣诞节、情人节与洋快餐，对我国各民族的重大节日以及中国历史的基本知识却茫然无知，这是中华民族实现复兴大业中的重大忧患。

中国之所以为中国，中华民族之所以历数千年而不分离，根基就在于五千年来一脉相传的中华文明。如果丢弃了千百年来一脉相承的文化，任凭外来文化随意浸染，很难设想 13 亿中国人到哪里去寻找民族向心力和凝聚力。在推进社会主义现代化、实现民族复兴的伟大事业中，大力弘扬优秀的中华民族文化和民族精神，弘扬中华文化的爱国主义传统和民族自尊意识，在建设中国特色社会主义的进程中，构建具有中国特色的文化价值体系，光大中华民族的优秀传统文化是一件任重而道远的事业。

当前，我国进入了经济体制深刻变革、社会结构深刻变动、利益格局深刻调整、思想观念深刻变化的新的历史时期。面对新的历史任务和来自各方的新挑战，全党和全国人民都需要学习和把握社会主义核心价值体系，进一步形成全社会共同的理想信念和道德规范，打牢全党全国各族人民团结奋斗的思想道德基础，形成全民族奋发向上的精神力量，这是我们建设社会主义和谐社会的思想保证。中国社会科学院作为国家社会科学研究的机构，有责任为此作出贡献。我们在编写出版《中华文明史话》与《百年中国史话》的基础上，组织院内外各研究领域的专家，融合近年来的最新研究，编辑出版大型历史知识系列丛书——《中国史话》，其目的就在于为广大人民群众尤其是青少年提供一套较为完整、准确地介绍中国历史和传统文化的普及类系列丛书，从而使生活在信息时代的人们尤其是青少年能够了解自己祖先的历史，在东西南北文化的交流中由知己到知彼，善于取人之长补己之短，在中国与世界各国愈来愈深的文化交融中，保持自己的本色与特色，将中华民族自强不息、厚德载物的精神永远发扬下去。

《中国史话》系列丛书首批计 200 种，每种 10 万字左右，主要从政治、经济、文化、军事、哲学、艺术、科技、饮食、服饰、交通、建筑等各个方面介绍了从古至今数千年来中华文明发展和变迁的历史。这些历史不仅展现了中华五千年文化的辉煌，展现了先民的智慧与创造精神，而且展现了中国人民的不屈与抗争精神。我们衷心地希望这套普及历史知识的丛书对广大人民群众进一步了解中华民族的优秀文化传统，增强民族自尊心和自豪感发挥应有的作用，鼓舞广大人民群众特别是新一代的劳动者和建设者在建设中国特色社会主义的道路上不断阔步前进，为我们祖国美好的未来贡献更大的力量。

陈奎元

2011 年 4 月

 目 录

一　石器开篇

在中国古代的神话传说中，有一个家喻户晓的神奇人物——盘古氏。他在混沌如鸡蛋的宇宙中一睡就是一万八千年，醒来后却什么也看不见。于是他一气之下，抡起手中的神斧奋力一挥，只听山崩地裂般一声巨响，大鸡蛋似的混沌世界突然破裂开来，其中轻而纯的东西冉冉上升，变成了天，重而浊的东西纷纷下落，变成了地——从而把混沌世界一分为二。这就是盘古氏开天辟地的著名神话。

这一神话形象地反映了人类创造历史的宏伟开篇。那么，创造历史的主要动力是什么？是人的劳动。而劳动的主要条件是要有劳动工具。人类最初的主要劳动工具是什么呢？就是我们这里要谈的话题——石器。

什么是石器和石器时代

·提及石器，人们自然想到是用石块（料）制作的器具（东西）。然而，若问人类最早使用的生产工具是什么，则许多人会回答不上来。其实，在人类漫长的

1

进化史上，石器是作为主要生产工具而处于支配地位的。因此考古学将石器定义为"用石头（块）为原料制作的工具"，并以其为标志把主要使用石器的时期称为"石器时代"。这一时代大约开始于二三百万年以前，至公元前三千年前后进入铜石并用时代。它占去了整个人类发展史的99.9%！因而在铜石并用时代到来之前，石器"不仅是人类劳动力（生产力）发展的测量器，而且是劳动借以进行的社会关系的指示器"（马克思语）。

考古学上所说的石器时代大致相当于古史分期中的原始社会。它包括"旧石器时代"和"新石器时代"两大阶段（不少地区还存在一个"中石器时代"，即旧石器时代向新石器时代的过渡阶段）。前一阶段以打制石器为特点，石器加工简单粗糙，攫取经济是这一阶段的主要经济形式。后一阶段出现了大量的磨制石器，石器加工工艺得到很大发展，以农业、畜牧饲养业和制陶、纺织等为代表的原始手工业成为这一阶段的主要经济形式。继新石器时代之后的"铜石并用时代"，又称"金石并用时代"或"红铜时代"。此时铜器已出现，但用于生产的主要还是石器，属于新石器时代向青铜时代的过渡期。因此，这一阶段的基本特征仍与石器时代相同，石器在生产和生活上仍然发挥着重要作用，并对青铜时代以后的工具种类和造型有着直接影响。

石器的制作工艺和分类

石器按照制作工艺的不同，可分为打制石器和磨制石器两大类。它们的制作工序和形制特点在判定人类进化程度、遗存年代和文化性质等方面都具有标尺作用。

打制工艺是石器制作的原始方式，从旧石器时代初期即被广泛应用，直到新石器时代末期仍然存在。这种工艺在制作时用石锤等打击石材或用石料撞击石砧，打下的具有锋刃的碎片称为石片，可用来加工成石片石器；石材被打下若干片之后，失去原来的形状，表面遗有许多剥离石片的痕迹，称为石核，是打片过程中的剩余物，亦可用以制作石核石器。一件典型的打制石器大致包括打击台面、打击点、半锥体、锥疤、放射线和同心波等（见图1）。

磨制工艺是指把石坯的表面进一步磨光。有的仅磨出刃部，有的仅把石材磨制成形，有的则通体磨光。

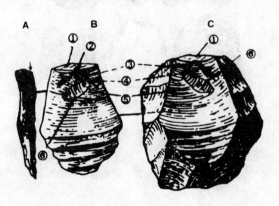

图1 人工打制而剥离的石片和石核特征

A. 石片侧视　B. 石片阳面（劈裂面）　C. 石核　①台面　②打击点　③半锥体（破裂胞）　④放射线　⑤同心波（波状纹）　⑥锥疤

3

磨制工艺不仅使石器形体更加固定、适用，而且大大提高了劳动生产率，是石器制作的一项重大进步，并被作为新石器时代开始的主要标志。

在石器的分类和定名方面，通常有以下几种：

石片石器——用石片或石叶加工而成的石器。"薄而有刃"是这类石器的基本特征。主要包括刮削器、尖状器和雕刻器等几种类型。在整个旧石器时代均被广泛使用，新石器时代仍有存在（见图2中1~5）。

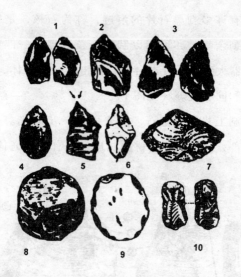

图2　石片与石核石器分类图

1~2. 刮削器　3~4. 尖状器　5. 雕刻器
6. 两极石核　7. 砍砸器　8. 石球　9. 盘状器
10. 手斧

刮削器多用小石片修理而成，在石片的一边或多边进行加工，主要用来切割、刮削兽皮或木、骨类工具。由于刃缘的加工部位以及加工方式不同，按刃的曲直可分别命名为直刃刮削器、凸刃刮削器、凹刃刮削器；按刃的形状而命名为复刃刮削器、侧刮削器、端刮削器或圆头刮削器；按器形大小、长短而命名为短刮削器、长刮削器等。它是我国旧石器类型中发现数量最多、最常见的一类。

尖状器的特点是"两刃夹一尖"，即尖部两侧边缘有修理痕迹。其他如桂叶形器、锥、镞、矛头等出现时间稍晚，大都从两面细致加工而成，也属于这一类器形范畴。尖状器有大有小，有厚有薄，加工方式有错向的，也有交互的。一般认为，大型尖状器主要用于挖掘块根或掏掘鼠洞以捕捉啮齿类与爬行类小动物，小型尖状器则主要用于划割皮肉、挑剔骨髓等。

典型的雕刻器多用小长石片制成。其加工方法是先把小石片一端或一侧斜向打去一片，然后以第一次打击的地方为台面，再斜向击去一片或在第一次打击石片相邻的一边进行修理，使刃口呈凿状或刻刀状。根据雕刻器的加工方式和刃口形状，可分为屋脊形或笛嘴形雕刻器、斜边或修边雕刻器以及鸟喙形和角形雕刻器等几种形式。对于雕刻器的用途还在讨论中。一般认为是用来雕刻骨、木、角器和其他艺术品；部分人认为其与小型尖状器和刮削器的用途可能相似。

另外还有一种两端石器。这类石器出自砸击法产生的石片，形体普遍较小，造型规整，两端均有打击修整痕迹，是北京人文化的典型遗物（见图2中6）。

石核石器——也称砾石石器。它是从砾石或石料上打下石片后，再把剩下的石核加工成石器来使用。

其形体一般较大，包括各类砍砸器、盘状器、手斧和石球等（见图2中7～10）。一些大型尖状器（如丁村三棱大尖状器）也是用石核加工而成的。

砍砸器又叫砍斫器、砍伐器、敲砸器，是一类大型石器工具，主要用大石核或砾石打制而成（有些系用大石片加工而成）。习惯上把两面刃的砾石石器称为敲砸器，单面刃的称为砍斫器或砍伐器，在扁体砾石周缘加工的则称为盘状器。这两类石器基本上用锤击法修理，加工部位多在刃缘处，刃口钝厚曲折，具有砍劈、敲砸和挖掘等多种用途，是早期打制石器的基本形式。

手斧类工具是采用交互法加工石核而成的。器形有大有小，器身多满布修理痕迹。大型手斧实际上也是一种砍砸器，欧洲旧石器时代很流行，我国这类器形除在个别地区（如山西丁村沙女沟和陕西蓝田涝池河沟等）发现外，数量很少。

石球多是由砾石或石核加工而成的。周身加工成圆球形，器身布满小石片疤，一般重0.5～1公斤，最大的超过1.5公斤，最小的不足0.1公斤。关于石球的用途，最流行的说法是一种狩猎工具，即"飞石索"。

除石片石器和石核石器外，还有为制造这两类石器而使用的石制工具，这就是石锤和石砧。有人称这类工具为"第一类石器"，有些文献则将之归入"使用材料类"。根据打击方法的不同，可将石锤分为锤击石锤、敲击石锤和锐棱砸击石锤3种（见图3中1～3）。

细石器——形状细小的打制石器，通常仅指用间接打击法打制的细小石核、石叶及其加工品。并不是所有的小石器都可称为细石器。细石器出现于旧石器时代晚期，是某些地区"中石器时代"的主要标志，直到新石器时代仍在不少地区流行（见图4中1～8）。

图3 不同石锤用法示意图

磨制石器——随着生产力的不断发展和社会分工的进一步明确，在距今一万多年前出现了表面经过磨光的石器，它是新石器时代开始的主要标志之一。磨制石器的形制特点和功用比此前的各类石器更为复杂。从用途上大致可将其分为生产工具、手工工具、武器、礼器、乐器及装饰品等几大类。

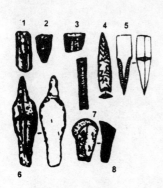

图4 常见细石器一览

总之，在从旧石器时代到新石器时代这一漫长的历史过程中，人类首先学会制作的是最原始、最粗笨的砍砸器、刮削器，之后逐渐学会了制造比较规整的手斧、尖状器，再后又学会了制作石球与雕刻器等。石器不仅种类增加，而且用途也更趋分化。尤其是石球和雕刻器的出现，说明人类的生产能力已有了进一步提高，原始的审美观念开始萌芽。

进入旧石器时代晚期以后，人类不仅普遍掌握了人工取火技术，而且还学会了使用弓箭。这两项划时代的发明对人类素质的提高和人类社会的发展都起着巨大的推动作用，同时也为新石器时代的到来准备了必要条件。

新石器时代是社会生产力取得突破性发展的时代，首先是磨制石器和农业、畜牧饲养业的出现，之后人类又发明了陶器，学会了编织、纺织技术。在公元前3500年前后，石器时代进入了鼎盛时期，其标志一是出现了钻孔技术和抛光工艺，二是玉器加工业的兴起，石器走向高度系列化、规范化。这一阶段非工具类的石制礼器、兵器、乐器和玉石装饰品等大量出现，特别是以铸铜技术为代表的一系列重要发明，预示着文明时代即将来临。

二　中国古代石器发展概况

 石器的产生与"人猿揖别"

石器的产生是一个渐进过程，它是人类形成的主要标志。有了人就有了石器，反之，也可以说有了石器就有了人；石器是人类最早使用的主要工具，因此，石器产生的因素也就是从猿转变成人的因素。这些因素主要分内外两方面，其中内因是人类形成的决定因素，它包括：

——要适应地面生活，即从攀缘树木的树居生活转变为经常在地面上活动，甚至在地面上的时间超过树居时间，这就为手的解放创造了条件。

——大脑已发展到一定水平，脑量已达到一定程度（至少 500 毫升左右）。已懂得对外部印象进行最简单的思维。

——两眼已能向前平视，视野进一步扩大，观察能力增强，并懂得利用自然界的物体（如石块和木棒）来达到自己的目的，也就是说能用自然形成的石块和树枝等来保卫自己和获取食物。

——对幼子的照顾、传授期加长，群居生活已相当稳定。

——杂食，有很强的适应能力，已懂得靠群体力量进行"狩猎"和保护自己。

——由直立行走而导致颈椎和咽喉的变化，从而学会了用简单的发声和动作表达意思，这样便具备了最初的语言能力。

可见，促使猿类向人转变的第一要素是下地直立行走，而实现这一转变的主要外因是什么呢？是地理气候的变化！其中又以冰川说最为流行。

大约距今 300 万年到 1 万年前的更新世，经历了多次大冰期，每一次冰期都对全世界的气候造成巨大影响。正是这种大范围的气候变化，给具备了以上内因的人类祖先以巨大的压力，促使他们不断地提高适应自然界的能力，从下地生活到直立行走，从仅是条件反射到具有原始思维和语言能力，尤其是从使用自然物到学会简单地制造工具，最终与他们的同宗——猿类揖手而别，跨入真正的智能动物——人的行列！因此，能否制造工具——主要是石器——也就成为区别人和猿的最基本标志（见图 5）。

图 5　早期人类制作石器和木器工具设想图

那么，作为人类文明重要发祥地的中国，石器的出现又是在什么时候呢？很显然，要回答这一问题，单靠有限的文献记载和支离破碎的神话传说是远远不够的。考古学和人类学的出现，科学地回答了这一问题。

正是由于考古学与人类学专家的不懈努力，我们的远古文化之谜才一个接一个地被解开。近而言之，由 1899 年甲骨文的发现到 1928 年以后的殷墟发掘，由二里冈文化到二里头文化，我国的文明史由周上推至商，又由商上推至夏，从而使夏商周的传说成为信史。远而言之，自 1929 年第一个"北京人"头盖骨被发现之后，考古学家和人类学家向我们展示了距今 40 万年以前的"中国猿人——北京人"的生活面貌和原始文化，此后，山顶洞人、丁村人、马坝人、蓝田人以至距今 170 万年左右的元谋人化石等被陆续发现，我们的人类祖先及其文化由 40 万年上溯到 170 万年以前，而最近的重大发现更把这一历史推前到距今 250 万年！这就是轰动世界的"东方人"及其文化。

"东方人"是 1986 年 10 月 5 日在元谋人的故乡——云南省元谋县物茂区竹棚村豹子洞箐（音 qìng）发现的。云南省博物馆等单位于 1987 年 3 月开始在此联合发掘，共发现人猿超科化石地点 6 处，获得古人类牙齿化石 41 枚，以及一个带 2 枚牙齿的上颌骨。同时发现的还有若干石器和骨器及 30 多种动物化石。

经初步研究证明，豹子洞箐遗址发现的牙齿化石，从其形态特征和尺寸看，明显介于腊玛古猿（特别是禄丰腊玛古猿）与早期直立人（元谋人）之间。再结合遗址中出土的石器和三趾马动物化石等，其时代应为距今 250 万年左右。这是中国境内，也是亚欧大陆上已知最早的猿人化石及其石器。为纪念我们悠久的华夏文化，学术界特将其命名为"人属东方新种"，简称"东方人"。

此外，在四川巫山县大庙区龙坪村附近一处早更新世洞穴堆积中也发现了早期人类的 1 段左下颌骨、4 颗牙齿、简单工具及大批哺乳动物化石，古地磁测定为距今 200 万年。

这说明在云贵高原及其邻近地区，我们的远古祖先早在距今 250 万年以前就已与猿类分道扬镳了，这比元谋人的时代又推前了 80 余万年！

最近研究表明，云贵高原是腊玛古猿（人类的嫡系祖先）和早期人类化石资料最丰富的地区。自 1975 年在云南禄丰县石灰坝首先发现腊玛古猿化石后，80 年代以来又不断有新的收获。尤其是 1987 ～ 1988 年，在元谋县物茂区小河村蝴蝶梁子遗址共发现 100 多枚腊玛古猿牙齿化石及 4 件较完整的头骨和上颌骨化石，大大丰富了对元谋腊玛古猿的认识，从而把这类古猿与"东方人"之间的差距基本上弥合起来，充分说明了我国西南地区是早期人类的重要发源地之一。其进化序列大致为：1400 万年前的云南开远腊玛古猿—800 万年前的云南禄丰腊玛古猿—300 万 ～ 400 万年前的元谋腊玛古猿—250 万年前的"东方人"—200 万年前的四川"巫山人"—170 万年前的元谋人。可见，从猿到人各主要环节的化石资料在该地区（尤其是云南中部）都有发现，而且"东方人"、"巫山人"与"元谋人"都出土有早期人类工具——石器或骨器。如此完整的演化序列在世界其他地区还很难找到，充分显示了我国在人类起源和发展史中的突出地位。

旧石器时代石器

旧石器时代是人类使用打制石器进行生产劳动的时代。

它以人类的产生为起点，结束于中石器时代或新石器时代的开始。根据人类的体质特征和生产工具的发展状况，旧石器时代又被分为早、中、晚3期，分别相当于直立人（猿人）、早期智人和晚期智人3个阶段。地史时间是距今300万～20万年（早期）、20万～5万年（中期）、5万～1.2万年（晚期）左右。

所谓"旧石器"的"旧"，是与磨制石器的"新"相对而言的。这里的"旧"可以理解为"早"、"古"、"原始"，即磨制石器出现以前的打制石器。至于磨制石器出现以后的打制石器，则不能称其为"旧石器"，正如不能将所有的磨制石器（如历史时代的）都称为"新石器"一样。可见，"旧石器"与"旧石器时代"是对应的，可以称之为"旧石器时代的石器"或"磨制石器出现以前的打制石器"。（后一种称呼应慎重，因为石器出现是有地区差别的，如我国中原地区的磨制石器约在公元前8000年以前即已出现，而西藏高原地区则要晚到公元前4000年以后。）这两种称谓都反映了"旧石器"的特定时代含义，是对那个时代石器的统称，而不是专指具体某一件石器。我们一般不说某一件打制石器是"旧石器"，而另一件打制石器不是"旧石器"。同样，我们也不应称某一件磨制石器是"新石器"，而另一件磨制石器不是"新石器"。就是说，不能简单地把"旧石器"或"新石器"分别与"打制石器"或"磨制石器"画等号。因此，我们在介绍具体的石器时，并不采用"旧石器"或"新石器"的名称，而是以打制石器或磨制石器区分之。为避免对石器称谓的混淆，在介绍我国的石器史之前有必要做以上说明。

正因为打制石器是人类最早学会制造并广泛使用的工具，因此它便成为人类形成和发展的主要标志物。又因打制石器在漫长的人类历史中比木器、骨器等更容易保存，是唯一成系统的、完整的、能够反映生产力发展和社会生活面貌的人类主要遗存，故它在人类早期文化的研究中至关重要，是区分不同文化、不同时代以及不同生产和生活方式的重要标尺。

我国最早见于报道的旧石器时代石器是 1920 年法国古生物学家桑志华在甘肃发现的。次年，瑞典地质学家安特生发现了著名的周口店北京人遗址并先后发现了两颗人牙化石。之后的周口店发掘，便揭开了中国近代考古学的序幕。

新中国成立后，大规模的田野调查和发掘，迎来了旧石器时代考古的黄金时代。自早而晚的人类化石和石器制品大量被发现，各方面的研究成果日新月异。石器地点的分布北起黑龙江呼玛十八站，南到西南边陲的云贵高原和海南、台湾；西起喜马拉雅山麓的聂拉木，东抵黄海之滨的山东半岛，在 28 个省、市、自治区都发现了可归入旧石器时代的文化遗存，总数已达 300 处以上。其中时代最早的"东方人"及其石器距今 250 万年左右，说明我的远古人类及其文化源远流长。而丰富多彩的人类化石和石器遗存等，则展示了我国旧石器文化的复杂性和多样性，为恢复远古人类的生产和生活面貌、建立旧石器文化体系提供了大量的珍贵资料。

总之，我国的旧石器时代石器在整个石器发展史上历时最长，占去了 99% 以上的时间；其早、中、晚期的石器发展序列已比较明确；各个阶段均发现有丰富的人类化石和文化遗存，所发现的人类化石之多，遗址和石器遗存之丰富，在世界上都是首屈一指的。但我国的旧石器文化又是复杂、多样的，在不同地区、不同阶段各具特色，既存在发展的规律性和连续性的一面，也存在地方性、变异性的一面，呈现给我们的是一幅丰富多彩的宏伟画卷。

为进一步说明旧石器时代的主要文化特征，我们以文化延续时代最长、遗存最为丰富的"北京人"遗址为例来做一典型介绍。

"北京人"是"北京直立人"（曾译为"中国猿人北京种"）的简称，年代距今 70 万 ~ 20 万年，是我国华北地区旧石器时代早期人类化石的代表，主要出自北京西南 48 公里的周口店龙骨山洞穴遗址中，同时出土有大量石制品、哺乳动物化石、骨器和用火遗迹等。

"北京人"遗址是 1921 年发现的（第一地点），1927 年正式发掘，1929 年发现了第一个完整的头盖骨化石，随后又发现了石器和用火遗迹，从而确立了"北京人"在人类演化史上的重要地位。到 1966 年，发现的北京人化石已达 40 多个个体，发现的石制品（石器、石片、石料）达 10 万件以上，其中仅石器就有 17000 多件，成为迄今同一时期的文化遗址中出土人类化石最全、石器遗存最丰富的一处。同时，学术界对北京人生活的地理和气候环境、生活和生产方式等方面的研究也是国内首屈一指的，从而为我们恢复北京人的生活面貌提供了丰富依据。

北京人遗址的堆积物厚达 40 米以上。上部 34 米为含化石堆积，依岩性变化自上而下可分为 13 层。每层均有动物化石，多数地层都出有人类化石和文化遗物，从而构成了北京人的"家族史"（见图 6）。

图 6　北京人洞穴堆积剖面图

从北京人留给我们的大量石制遗存中可以看出，他们制作石器时已有一定的方法和程序，即分为选择石料—打击石片—加工修整三个步骤。

石器原料主要来自周口店龙骨山下的坝儿河畔。这里河床广阔，流水经年不息，河滩上的鹅卵石俯拾皆是，大部分都适合制作石器。其中使用最广泛的为脉石英，约占全部石器材料的78%，其次为水晶、砂岩和燧石等（4.7%、2.6%和2.4%），石器选料相当集中。

北京人打制石片主要使用三种方法：砸击法、锤击法和碰砧法。不同的石料采用不同的打片方法。其中使用最广的是砸击法，所产生的石片小而薄，一端有刃者多于两端有刃者（后一种石片又称"两端石片"或"两极石片"，是北京人石器的一大特色）；锤击法打击的石片都有集中的打击点和半锥体，台面多打制但不修整，利用自然台面的也不少；碰砧法打制的石片多较宽大，石片夹角多在120°以上，打击点不集中，半锥体散漫，台面宽阔。

石器的第二步加工以锤击法为主，次为砸击法，碰砧法很少使用。加工方式以向背面加工为主，其他方式不多。加工的器形主要是刮削器、砍砸器、尖状器、石锥、雕刻器和石球等6类，另外还有石锤、石砧等制作工具。多采用条形、卵圆形和扁形整块砾石，锤面和砧面布满打击痕迹。

总之，北京人的制石遗存是非常丰富的，自早而晚可以看出明显的发展序列，是研究直立人阶段石器制作工艺的极好材料。比如在选择石料方面，由早到晚，质软粒粗的绿色砂岩逐渐减少，优质的石料逐渐增加，至上部地层时，规整的燧石、水晶等石器已大量出现。在打片技术上，碰砧法逐渐被淘汰，砸击法越来越普遍，锤击法在广泛应用的基础上又不断被改进，晚期还出现了修理台面技术。在石器类型上，早期石器类型少，制作方法简单、粗糙，器形偏大，一器多用的现象很普遍；晚期石器类型明显增多，刮削器的分类更细，小巧的尖状器、雕刻器迅速增多，石锥、石球等均是在这一阶段出现的，石器制作技术更加成熟，成品率愈来愈高，加工修整技术趋于精致，器形普遍小型化、规范化，下部地层常见的大型粗糙砍砸器这时已很少见，一器多用的现象已大大减少。

此外，北京人不仅能够用火，而且懂得了管理火、控制火。在其中、晚期阶段还可能已学会了制作骨器。这些能力和技术的掌握是在长期生存斗争中获得的，它大大增强了北京人的体质和适应自然界的能力，改善了北京人的生存条件，展现了我们的远古祖先在恶劣的自然环境中不断进取，为生存和繁衍而艰苦斗争的画面。

3　新石器时代石器

新石器时代是石器发展的鼎盛时期（约公元前10000～前2000年），它是与旧石器时代相对而言的。这一阶段的石器制作工艺在旧石器时代文化发展的基础上出现了划时代变革：除了打制石器和间接打制的细石器之外，又迅速推广了磨制石器新工艺；尤其是大量的磨制生产工具，已广泛应用于农业、渔猎、原始手工业和日常生活，在当时的生产和生活中起着极为重要的作用。它与陶器的发明、作物的栽培、家畜的驯养和纺织的兴起等，共同成为第一次产业革命的主体内容（第一次产业革命即指由人类依赖自然界恩赐的"攫取经济"到人类利用自然界创新的"生产经济"的一场革命）。

　　新石器时代以磨制石器为标志，而磨制技术早在旧石器时代晚期就已出现了。最早采用磨制技术的是骨器和石制装饰品。欧洲旧石器时代晚期已经发现磨制的骨鱼叉、骨针、标枪和投矛器等，我国的北京山顶洞和辽宁海城小孤山等旧石器时代晚期遗址中也发现了磨制的骨针、骨鱼镖。特别是北京山顶洞以及较之更早的山西朔县峙峪遗址等，还分别发现了磨制的穿孔石坠、石珠，说明磨制石器的前身是磨制装饰品（见图7）。这类装饰品形体虽小，但磨制和钻孔工艺比较成熟，已具备了磨制石器的主要工序（选料—打制成坯—磨制成器—钻孔），可以说是磨制石器的萌芽阶段。

　　在属于旧石器时代向新石器时代过渡阶段的广西柳州白莲洞遗址，自下而上不同地层的石器制作特点，向我们展示了由打制石器到细小石器，再到磨制石器的发展全过程。该遗址的文化堆积共分5组，分别代表了早、中、晚三期文化。早期文化（白莲洞Ⅲ期文化）相当于旧石器时代晚期（距今39000～28000年），以大型砾石砍砸器和刮削器为主，已出现一定数量的燧石小石器。中期文化（白莲洞Ⅱ期文化）相当于过渡期（中石器时代），是该遗址最富有特色的一部分。这一期已出现众多的具有细石器风格的燧石小石器和

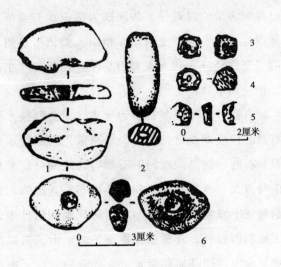

图7　早期石制装饰品

1. 峙峪　2. 小南海　3~6. 山顶洞

原始的穿孔砾石。前者有制作颇为精美的石镞、石叶和雕刻器等；后者形体较大，加工粗糙，孔部主要是凿制而成，被发掘者认为是我国最早用于套在尖木棒下部来挖取植物块根和刺穴点种的"重石"，"是农耕活动产生的重要迹象"。晚期文化（白莲洞Ⅰ期文化）相当于新石器时代早期（距今 10000~8000 年左右），已出现比较规整的磨制石斧、石铲和角锥等，但所占比例很小，一般仅磨刃部，打制的砾石石器和小石器仍占绝对多数。这一期的"重石"已比较圆正，磨制和穿孔技术都有进步。

可见，磨制石器的产生是一个长期的发展过程，是人们在生产劳动中不断总结经验、不断改进生产工具的结果。最早采用磨制技术的石珠、石坠等，为制作磨制石器提供了必要的技术条件和认识基础。而在生产中不断普及的磨制骨器，则对磨制石器工具的产生起到了重要的启迪作用。正是由于磨制后的骨器（骨针、骨鱼叉、骨矛等）更锋利、更省力，人们才开始有意识地将磨制技术应用于石器工具。开始时仅是磨制刃口部分，并且主要磨制斧、锛、铲等耗体力工具。随着农业经济的兴起，人们对磨制石器的优越性有了深刻认识，并逐渐从磨制刃部到通体磨光，从磨制斧、锛、铲等少数几种到磨制各类工具，从手握、捆绑工具到钻孔、套嵌装柄……从而迎来了磨制石器的繁荣时代。

在长达近万年的发展过程中，新石器时代石器经历了不同时期的改进和变化，同时在不同地区又表现出较大的地方特色和发展的不平衡性。

与旧石器时代相比，新石器时代石器的发展特征可归纳为六点：（1）早期的磨制石器并不占绝对优势，打制石器仍很普遍；许多石器仅刃部磨光或通体略经琢磨，表面比较粗糙，形体也不十分规整；打制石器已相当定型，不少已是磨制石器的雏形。（2）中期以后，磨制石器已占主导地位，磨制工艺已相当成熟，不仅大大提高了石器效用，而且造型更加规整、适用，器类明显增加，分工越来越细。（3）与此同时，钻孔技术已十分普遍，尤其是长江流域和东部沿海地区更为盛行，说明装柄式的复合工具大量增加。（4）随着磨制与钻孔技术的发展，晚期又出现了抛光和管钻、微刻等新工艺；特别是大量精美玉器和石制礼、乐器的出现，其造型之巧妙，技艺之高超，标志着新石器时代的石器制作工艺已从生产领域扩大到精神生活领域，石器选料、制作与加工已达到鼎盛阶段。（5）旧石器时代晚期出现的细石器在新石器时代仍比较流行，但已逐渐退至长城以北的北方草原等地区，成为畜牧和渔猎经济的一大特色，与以大型磨制生产工具为代表的内地农业经济有着较大的区别。（6）由于经济类型、生活环境和分布区域的不同，在石器种类、形制和用途等方面亦各具特点，如与农业经济相适应的斧、铲、镰、刀和石磨盘等，与狩猎经济相适应的细石叶、石镞和石刃骨器等，其中不少类型对以后的金属工具有着直接影响。

根据石器的基本制作工艺，可将新石器时代的石器分为打制石器、间接打制的细石器和磨制石器三大类。在石器分布特点上则表现为两方面：一是磨制石器广泛分布于以大河流域为依托的农业聚落，其中黄河流域与长江流域最集中，珠江流域及辽河流域等次之。二是同渔猎经济密切相关的细、小石器在北方草原沙漠地区很流行，这类石器的分布有着鲜明地域特色，反映了地理环境对经济类型和生产工具的明显制约作用。

4 夏至战国石器

半个多世纪的考古探索，把我国的文明史由周上推至商，又由商上推至夏。现在已很少再有人否认"夏代"这段历史了。夏至战国石器，就是指中国最初近两千年王朝史中的石器。它是继新石器时代之后，由史前考古学演变为历史考古学，即以朝代的更替作为考古学分期与区划标准的一个重要阶段，也是中国青铜时代发展与铁器时代兴起的时期。其上限在公元前21世纪前后，相当于中国考古学的二里头文化初期。下限至公元前221年秦始皇建立统一的秦王朝。这一阶段在考古学上又称为"夏商周考古"或"商周考古"，是中华文明走向成熟的重要时期。这一时期前后共经历了夏、商、西周、春秋和战国5个阶段，约有两千年的时间。其间石器的发展经历了深刻的变革，它在生产和生活中的重要地位逐渐被青铜器，尤其是后来兴起的铁器所削弱，并明显形成了前后不同的发展阶段。

夏商石器

夏、商两代是中华文明的童年时代。在长达上千年的历史中（约公元前21世纪至前11世纪），灿烂辉煌的青铜铸造工艺，逐渐迎来了她的黄金时代。而在当时的主要经济部门——农业生产中，石器工具仍起着主导作用，另有大量骨、木、蚌器等。铜器在农业生产中仅占很小比例，主要是供贵族们使用的礼器、日用器和用于战争的兵器等。

从早期阶段的考古发现来看，石制生产工具在各类工具中仍占绝对多数，除农业生产工具外，还有成套的粮食加工工具、木作工具、制陶工具乃至绘画、雕刻工具等；渔猎工具与武器也很流行，还出现了石制的日常用具和与铸铜工艺相关的石范、磨石等；礼、乐石器获得了飞速发展，大量石质装饰品、宝石工艺品等，较史前时期更为发达。

到商代中晚期，青铜武器、手工工具和日常用器迅速增多，尤其是大型青铜礼乐器、兵器、车马器的发展十分迅速，已经部分取代了石器和陶器。石器除在农业、渔猎生产与粮食加工中仍占主导地位外，在日常生活、手工业和工艺品加工等方面已出现了铜、石并存的局面，特别是在大型都邑中，铜器的使用在某些领域已超过石器，说明青铜时代已开始走向兴盛阶段。石器除在农业、渔猎生产和粮食加工等领域中继续保持主导地位外，在功能和结构方面也不断改进、分化。部分器形仍呈发展势头，质料与加工工艺更加精良。这从河南郑州商城、安阳市殷墟、湖北黄陂盘龙城及山东益都县（今青州市）苏埠屯等大量商代聚落遗址和墓葬中可以明显反映出来。而西周以后，特别是春秋时期，随着青铜器的发达和铁器的兴起，石器开始走向衰落。

夏商时期的石器制作与史前时期一脉相承，在加工程序和制作技术上又有所改进。表现为：（1）石器开采和选料技术大大提高。开采石料一般都有固定场所，不同用途的石器在选料时已比较严格。如板岩、页岩类主要用以制作铲、镰、刀等，开采量相当大；石英岩、砂岩、辉绿岩等多用以制作砍斫用的斧、锛、凿等，开采量相对减少（部分已为青铜工具所取代）；而色白质细的大理石（汉白玉）则多用来制作石质礼乐器和雕刻艺术品等。至于各种优质宝石器和玉器的选料加工更是精益求精。（2）由于加工工具与加工技术的改进，石料切割与成形技术明显提高。石料对石器成形的限制明显减少，硬度较高的玉石器均可达到理想的形制，这就为石器的批量生产和石器制作专门化创造了条件。（3）石器制作从选料、切割、打制成形，到磨光、钻孔乃至雕刻等一整套技术已趋于系统化、专门化。大型石器作坊遗址屡有发现。尤其是锯截、琢磨和钻孔技术的改进，大大提高了石器成品率。粗大笨重的打制石器和细小繁杂的复合石器逐渐退出了农业文化区，继之而起的是分工明确的磨制石器和新型青铜用具。

西周、春秋和战国石器

西周、春秋和战国三个时期的石器特点比较接近，可作为后一个发展阶段。时间从公元前11世纪前后至秦始皇统一六国（前221年）止。经历了青铜时代的鼎盛期和铁器时代的萌芽与发展期，这一阶段的石器与前一段相比有以下特点：（1）作为生产与加工工具的石器，在农业、渔猎和手工业经济中仍起着重要作用。但这种作用随着青铜工具的增多，特别是春秋以后铁农具的推广而逐渐减小，到战国中期前后已大有被青铜工具和铁工具取而代之的趋势。（2）作为生活用具与礼乐器的石器已多被铜器和玉器所取代，唯石磬这一类打击乐器在西周时期发展成熟，并形成了按磬体大小排序、按数量多少标明等级身份的编磬制度。这种编磬到春秋以后更加流行，成为代表贵族身份地位的礼乐重器。（3）作为武器的石器已不多。它们先是被青铜武器，后又被铁制武器所取代。（4）作为明器性质的石制装饰品多出自中下层贵族墓中，尤其是春秋以后更为流行，石质一般比较粗劣，多为动物形、几何形片状佩饰，刻纹者不多。而质料精美的玉石、玛瑙、绿松石等装饰品，仍以大中型墓比较常见。

总之，西周以后的石器，就种类和数量来说，已呈减少趋势，一方面，青铜器和铁器取代了石器的相当部分；另一方面，石器本身的发展也已发生变化，除在生产与加工部门中尚占有较大比重外，其他用途的石器也多为玉器等所取代。特别是春秋时期铁器的出现与铁工具的推广使用，对作为传统生产工具的石器构成了强有力的竞争。因而，到战国中期以后，石器不仅在生活领域中，而且在生产领域中也已开始丧失了主导地位。这样，在中国，也是在世界数百万年历史上起着决定作用，曾作为生产力发展主要标志的石器，终于为铁器和铜器所取代，走过了其辉煌的历史阶段。

 秦至清代石器

从秦始皇统一六国到清王朝灭亡（公元前 221 ～公元 1911 年），前后长达 2100 余年。在这漫长的封建社会中，石器在社会生产和生活中担当了与秦以前明显不同的角色，在造型、功用与制作工艺等方面均发生了较大变化。

石器的变化主要表现为以下几方面：（1）由于冶铁技术的发达，石器在生产领域中很快消失。除秦至东汉时期还有少量石质生产工具出土外，三国以后已基本上为铁制工具所取代。这一取代过程首先从中原地区开始，并很快向周边地区扩展开来。（2）在加工领域中，石器仍占有重要地位。主要表现为以石磨、石碾、石碓、石臼、石杵等为代表的粮食加工工具与手工业领域中的打磨工具等，尤其是转动石磨的出现，较战国以前的石磨盘、石磨棒是一大进步。（3）在生活领域中，石器的用途仍比较广泛。除与建筑有关的各种石材、石制品以外，还包括日常用的石凳、石案、石盒、石熏炉和石灯等。尤其是属于文房用品的石砚，在这一阶段有了很大发展。（4）在石制工艺品方面，这一时期有三大发展：一是摩崖石刻与造像艺术的发展。尤其是佛教传入后而兴起的石窟寺艺术，是这一时期石刻工艺的代表。二是与建筑、工程有关的各种石雕艺术品乃至建筑本身，如石塔、石柱、石桥，等等。尤其是以北京圆明园和故宫为代表的皇家宫殿石雕建筑群，是这一阶段石制工艺发展的典范。三是与埋葬制度有关的各种石制棺椁、石模型明器、石碑兽等。其中又以汉画像石的发现最引人注目，历代墓碑的发现也蔚为大观。

总之，秦至清代石器，无论在使用方式、社会功能和制作工艺等方面，都与战国以前的石器有着很大不同。战国以前的石器主要在生产领域中起着主导作用，而秦以后的石器已基本上从生产领域中退了出来，作为户外的石器生产工具已不复存在。因此，从某种意义上说，秦至清代石器，已不是考古学中通常所说的打制或磨制石器，而是利用石料或岩石等加工而成的石制品。它们均作为广义的"石器"而成为中国古代文物精华的一部分。

三 石制生产、手工工具的
发展特点

 赛过手术刀的刮削器

刮削器是人类最早学会制作并用于生产和生活的石器种类之一。它在世界各地分布很广，更是我国旧石器时代石器类型的一大特色。刮削器在距今 170 万年以前的云南元谋人地层中就已发现，北京人文化时期更为发达，占石器总数的 3/4 以上。如此众多的刮削器都有哪些用途呢？

考古学家通过对各种形态的刮削器进行分类、实验，发现它们的用途不外乎剥、割（划）、刮、削（切）等几种。不同的刃口、形体，使用方法上亦略有不同。

剥——主要用以剥兽皮、树皮等。相应的形制有圆头刮削器、盘状刮削器和多边形刮削器。刃以凸刃为主，次为平刃、斜刃和端刃，凹刃者很少。据用燧石刮削器对兔子剥皮的实验，一只 1.5 公斤的家兔仅用 16 分钟就可把皮剥下来，若是内行的话还要快一些，绝不比用刀剥的速度慢。这类刮削器的刃口一般相当锋利，有的比手术刀还快。据美国著名考古学家希茨（Sheets）教授用黑曜石小石叶（可视为刮削器的发展型）所做的实验，其锋利程度比手术刀快200倍！有人还用它成功地做了一系列眼科手术（见《考古学：发现我们的过去》一书，美国费尔德出版公司，1987年）。

割（划）——主要用以割肉、划口、挑断软组织等。相应形式有端刮器、切割器、斜刃刮削器和屋脊形刮削器；刃口一般较窄，既有刃又有尖，既可挑剥又可划割，使用起来十分得心应手。

刮——是刮削器中使用数量最多的一类，器体大小不一，多无第二步加工痕迹，一般是从石核上打下锋利的石片后，挑选一件即行使用，有的在尾端略作修整便于手握。主要用以制作木器、骨、角器，刮除皮毛、鳞片等，用途比较广泛。按刃口的形状和取材方式又分为复刃、单刃、凹刃、平刃、两侧刃、周边刃、斜刃刮削器以及石片刮削器和石核刮削器等。

削（切）——用于削、切的刮削器数量也很多，以单边刃为主，刃口多较直，加工比较精致，有的近似石叶，有的在手握处加工成柄状。旧石器时代晚期出现的斧形小石刀、琢背小石刀等即由这类刮削器发展而来，同时出现的小长石叶、石刀刃等（主要用于制作复合工具），与这类刮削器的改进亦有密切关系。这类刮削器可视为石刀的鼻祖。

石刀的造型及应用

最早的磨制石刀是由打制石刀发展而来的，而打制石刀则直接来源于刮削器。它同来源于砍砸器的石斧各属两支最古老的石器大家族。

那么，比较成形的打制石刀在我国是何时出现的呢？现在看来，山西峙峪遗址的"斧形小石刀"应是最早的一件"石刀"作品（距今28000年左右）。该石刀用半透明的水晶加工而成。柄、肩、刃分明，修理痕迹细密，可能已采用压制法修理（见图8中1）。其用料之讲究，造型之规整，加工之精致，在同时代的诸文化遗址中都是罕见的。它在使用时很可能装有木柄或骨柄，与该遗址所出的石箭头同是我国早期复合工具的代表。

较峙峪文化略晚的山西下川文化（因山西沁水县

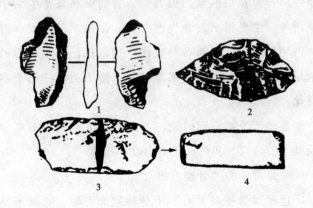

图8　早期石刀形制

下川遗址而得名）中，还出现了一种颇具特色的"琢背小石刀"。这类小石刀多利用从石核上剥下的石片制成，是细石器的一种，用于镶嵌刀具的刃部。其厚的背部加以琢制，锋利的一面用作刃口，形状有三角形、长方形、带肩斜刃和镰刀形等，是早期石刀的另一种形式（见图8中2）。

磨制石刀的出现，比峙峪遗址的斧形小石刀大约要晚两万年。迄今所知时代最早的磨制石刀见于河南新郑县裴李岗遗址（绝对年代距今8000年左右）。这时的石刀数量很少，形制简单且不很规范，远不如锯齿刃石镰发达。它是在刮削器的基础上略加磨制而成的。即使有个别磨制较精细者，也未脱离刮削器的形态，并且还有与石刀共存、用途相近的打制刮削器存在，说明这时的磨制石刀尚处于向定型化发展的阶段（见图8中3、4）。在较裴李岗遗址略晚的甘肃秦安大地湾一期文化中，所发现的石刀已有所改进，出现了半月形石刀及短柄双面刃石刀。它们除在日常生活中使用外，主要用于农业生产上的收割稼禾等，兼有刀和镰两种功能。至新石器时代中期以后，磨制石刀的数量迅速增多，形式越来越复杂，使用功能亦趋于多样化。

为便于说明不同时期、不同文化类型的石刀形制及其主要特点，我们在此举出以下几例。

一是奇异的"骨梗石刃刀"。

这种"骨梗石刃刀"十分特别而有趣：它既不是单纯的骨器，也不是单纯的石器，而是以骨器取其形，以石器作其刃，从而构成了一种新型的复合工具——骨梗石刃器；因其中以刀形用具最多，故一般又称其为"骨梗石刃刀"或"石刃刀"。当然，骨梗石刃刀的"骨梗"，也有采用"木梗"或"角梗"的，只是木梗很难保存下来，而角梗数量极少，故通常以"骨梗"名之。

骨梗石刃刀是与细石器的出现相辅相成的，因而它出现的时间也相当早，大约在距今3万年前后的旧石器时代晚期就可能有了最原始的骨梗石刃工具，如山西峙峪遗址中的"斧形小石刀"就可能是嵌在木柄或骨柄上使用的（见图8中1）。特别是中石器时代以后，随着细石器被广泛应用，骨梗石刃器也得到很大发展。其分布范围同细石器的分布一样，也是遍布欧、亚大陆和非洲、北美的许多地区，在我国则主要流行于西部和北部地区。

我国骨梗石刃刀的出土数量约有数百件，时代最早的几处资料都发现于北方地区，如内蒙古敖汉旗兴隆洼遗址出土的石刃骨镖和骨匕首，时代距今7500年左右，内蒙古满洲里市扎赉诺尔出土的石刃骨器还伴出有人骨化石，时代估计当在距今8000～12000年之间。而在我国甘肃等西北内地，骨梗石刃刀的出土往往非常集中，如在甘肃永昌县鸳鸯池墓地和东乡县林家遗址，所出土的骨梗石刃刀分别为18件和21件，可见当时的石刃骨器是相当流行的。

从所发现的各种骨梗石刃刀来看，骨梗多呈长条形或长三角形，前端尖锐，后端有柄，一般骨柄与刀梗为同一块骨料加工而成，有的骨柄与刀梗分制合成，结合部常有穿孔。柄部也常有穿孔，以便悬挂。骨梗一侧或两侧挖成凹槽，内嵌石叶或细长石片。部分石刃刀还发现有加固石刃的胶状黏合剂。骨梗多用大型动物的肢骨或肋骨制作，石刃多用燧石、碧玉等高硬度石料压剥而成（见图9）。

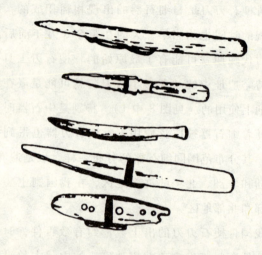

图9　典型骨梗石刃刀形制

根据刃部形态和装柄方式，可将所发现的骨梗石刃刀分为3种：第一种是短柄单刃，即骨梗一侧装有石刃，并有短柄。其中又分为通柄式和装柄式两类。前者刀身与刀柄为整块骨料制成。如鸳鸯池75号墓的一件，刀身用牛肋骨磨制而成，直背，外弧刃，体扁平；刃由4片小燧石页嵌装而成，并用黑色胶状物粘固，残长18.2厘米。此式除见于马家窑文化外，在其后的齐家文化以及与之时代相近的内蒙古翁牛特旗石棚山墓地中也比较多见，西藏昌都卡若遗址和东北黑龙江新开流遗址等也都有发现，是最为流行的一种式样。后者是刀身与刀柄分别制成后再装配到一起，结合部常留有小孔以便用绳带捆缚，基本形制为单刃短柄，颇似削刀，便于切割与剔削动物皮肉之类。第二种是短柄双刃，即骨梗两侧边均装有石刃，并具短柄，器身扁平，呈前端尖锐、后端宽扁的短剑体，平面略呈长等腰三角形。亦分通柄式和装柄式两类。通柄式除鸳鸯池墓地出土较多外，还见于甘肃景泰县张家台、高家滩，永靖县大何庄和东乡县林家等遗址。装柄式形同匕首，柄部多有 1~2 孔，用以穿绳加固，数量不多。第三种无柄有刃，即骨梗一侧或两侧嵌装薄石刃，但无短柄，一侧有刃者用法似同石刀，两侧有刃者用法似同双刃刮削器。

骨梗石刃刀在我国分布甚广，其与草原沙漠地带的渔猎经济有着密切联系，在某种程度上反映了这些地区的经济特色。这种复合工具大约在旧石器时代晚期即已出现，一直延续到青铜时代后期，并对金属工具的制作与使用影响很大。如甘肃临夏县魏家台子遗址出土的齐家文化铜刃骨刀，除石刃变成了铜刃外，其他方面与骨梗石刃刀完全一样。后来北方地区首先出现的青铜短剑和兽柄铜刀等，无疑也是在这类工具的基础上发展起来的。

二是仰韶文化石刀。

仰韶文化是我国最早发现并命名的新石器时代文化。主要分布于黄河中游地区，迄今所发现的这类遗址已达近 2000 处，延续时间为公元前 5000 年～前 3000 年左右，其分布范围之广、延续时间之长、文化内涵之丰富，在北方乃至全国的新石器文化中都是首屈一指的。因此，该文化是中国新石器时代的主干之一，影响极为广泛和深远。这一文化出土的石刀在北方地区也具有一定的代表性。

仰韶文化石刀最早于 1921 年首次在河南渑池县仰韶遗址发现。经过 70 余年的调查和发掘，至今所发现的各类石刀数以万计，并有相当数量的陶刀、蚌刀等。石刀一般出土于居住遗址中，很少用于随葬，是主要的实用工具，在石制品中占有突出地位。各类石刀在不同时期的发展序列比较明显，既有较强的共性，也有一定的地区差别，存在着发展的不平衡性。

石刀大部分经过磨制，少部分在打制后未经第二步加工。其基本形制可分为两种：一种是两侧带缺口的长方体弧刃或直刃石刀，绝大多数打制而成。使用时在两缺口之间勒一圈绳子，让大拇指套在绳圈内来割取谷穗（见图 10 中 4、5、8、11；见图 11 中 1）。这种石刀数量最多，制作不精，并常与同形制的陶刀共存，应是主要的收割工具。另一类是长方形不带缺口的石刀，分打制与磨制两种，打制者有一部分系半成品；磨制者数量较多，制作精细规整，常有穿孔（见图 10 中 1、2、3、6、7、9、10）。

从发展线索看，早期石刀为数很少，以打制为主，多呈圆角长方形，一般只能用手握住使用，不便拴绳；中期石刀数量大增，两端带缺口的打制石刀十分普遍，

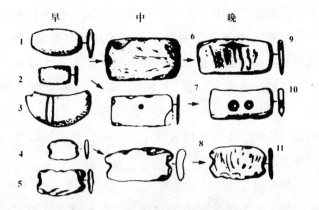

早　　　　中　　　　晚

图 10　仰韶文化石刀演化示意图

并出现了少量磨制长方形穿孔石刀，更适于拴绳或装柄；晚期石刀以磨制占大多数，两侧有缺口的石刀开始减少，而长方形有孔石刀则迅速增多，加工工艺更加精致（见图 10）。

当然，仰韶文化石刀在不同地区又有所差别，如陕西南郑县龙岗寺半坡类型墓葬中出土的"长条斜直刃竖柄有孔石刀"，不仅造型独特，而且加工精细，时代又属于仰韶文化早期，与其他地区相比显然要进步得多（见图 11）；而晋北等地出土的划槽钻孔石刀，亦颇有地方特色（见图 10）。

总的来看，石刀在仰韶

图 11　仰韶文化石刀

1. 石刀用法示意　2～3. 竖柄有孔石刀

37

文化石质生产工具中占很大比重，尤其是两侧有缺口的打制石刀为该文化的一大特色。其石刀数量之多，从河南陕县庙底沟遗址出土的石制生产工具中可见一斑：该遗址共出土石器 2415 件，除去 2230 件盘状器外，石刀计 100 多件。同时，各类石刀自早而晚的明确发展序列，也对不同时期生产力的发展水平起着标尺作用。

三是马家窑文化双孔石刀。

进入新石器时代中晚期以后，作为主要切割用具的石刀，已走过了它的童年时代，由普遍施行打制技术发展为广泛运用磨制技术；由不规则形发展为规则的长方形或半月形等；由无孔到两侧打出勒绳的缺口，再到钻一孔、两孔、乃至多孔；最后又从实用型中分化出玉石制作的工艺型或刻纹涂彩的礼器、祭器，等等。

马家窑文化是继仰韶文化之后，在甘青地区发展起来的地方性文化（有人又称之为甘肃仰韶文化）。双孔石刀是这一文化中流行的典型石质切割工具，又称"爪镰"，主要出土于居住遗址中，数量较多，是该文化最主要的石器工具之一。

石刀多用板岩和砂岩磨制而成，长方形，一般长10 厘米、宽 4 厘米左右，背部较平，或略下凹，居中或近刃部两面对钻双孔。刃部系打制后双面加工，多呈凸弧形，有的因长期使用而形成凹刃。

石刀可分两类：一类是在两侧或一侧磨成锯齿状。这在甘肃兰州市花寨子、民和县阳山及永昌县鸳鸯池等马家窑文化中晚期墓葬中均有发现。花寨子所出土的一件系用黑色硅质板岩磨制而成，质地坚硬细腻，刃部因使用而凹入甚深，一侧制成锯齿状，长11.6厘米，宽3.5厘米（见图12中1）。鸳鸯池墓地所发现的12件这类石刀中有一件为圆角长方形，两侧均有弧形锯齿，长8厘米，宽4.2～4.6厘米（见图12中2）。这种锯齿状石刀除用作收割工具外，还应具有锯截等功能。另一类双孔石刀无锯齿，数量远较前者为多，应是主要的农业用具，其中有不少石刀的背端呈凹弧形，刃边作凸弧形，中间穿孔多靠近刃部，甚适于手握（见图12中3、4）。这种双孔石刀在使用时于双孔之间缚绳，将手指套入以割取禾、穗等，与仰韶文化的同类石刀用法相似。此外，受马家窑文化直接影响的齐家文化墓葬或遗址中也出有不少长方形双孔石刀，不过未见锯齿状者，且不再使用两面钻法而多用一面钻法，表明其石器制作技术在马家窑文化的基础上又有所发展。

四是薛家岗文化多孔彩绘石刀。

新石器时代晚期长江下游地区的薛家岗文化，是20世纪80年代初发现并定名的一支地方文化。该文化以安徽潜山县薛家岗遗址第

图12 双孔石刀

二、三期遗存为代表，主要分布于大别山以东、巢湖以西的江淮地区。多孔石刀为该文化最典型的石质切割工具，薛家岗遗址目前已发现36件，全部出自墓葬中，少数石刀上还绘有规整的红色花果形图案。

石刀均用泥质页岩磨制而成，极其精致。器体扁薄，呈长条状，长13.4～50.9厘米，宽6.5～12厘米，厚0.4～0.8厘米；多是一端窄，一端宽，近背部穿孔，有单面钻孔和对钻两种，孔为奇数，从1孔到13孔不等；刃部磨制锋利。有的钻了两排孔，是第一排破损后又钻了一排。有的在孔下绘制出连续的红色花果形图案，每孔下均有一果，大小形态相同，分布均匀对称，如58号墓所出的一件，长43.2厘米，宽9～12厘米，近背部钻成一排9孔，每孔下绘红色花果形图案，十分精美（见图13中3）。这些石刀均作为随葬品，而且穿孔均为奇数，尤其是绘有红色图案者，应与宗教礼仪有关。类似的多孔彩绘石刀在湖北黄冈市螺蛳山大溪文化晚期遗址中也有出土，与该文化比邻的南京地区北阴阳营文化墓葬中也较常见。

关于这类多孔石刀的用途，一般认为是切割用的生活和生产工具，刀背上嵌装木柄，便于手握（见图13中1）；有的学者根据民族学资料认为它应是一种古老的用于织布机上的打纬工具——机刀。

五是良渚文化有柄石刀。

新石器时代的石刀主要是用手握住刀背使用的，背部或直或弧，都是为了适于手握。而到新石器时代晚期，在长江下游地区的良渚文化中又出现了一种更

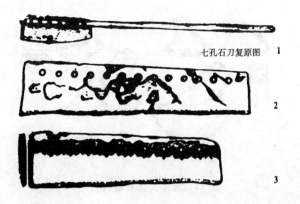

七孔石刀复原图 **1**

2

3

图 13 多孔彩绘石刀

适于手握的新型有柄石刀，有人又称其为"斜柄刀"、"破土器"或"斜把破土器"。"破土器"之说，是将其作为农耕用具来对待的，但多数学者对此持否定态度，我们也认为这种有柄石刀的主要功用在于切割，只有少数的大型有柄石刀（一般长在 30 厘米以上），或许已用于开沟松土，用法类似于石犁。无论这种石器是"刀"还是"犁"，在当时来说都是十分先进的生产和生活用具，并成为良渚文化石制工具的一大特色。

这类石刀的质料多为片状页岩或板岩，器身扁薄，略呈斜三角形或靴形，顶端有一个斜向或直向的柄，柄下部略内收，便于捆绑木杆或手握；前端尖锐，底边多为单面刃；制作一般比较粗糙，有的通体布满打琢痕迹，仅有少部分在刃部或通体磨光，与良渚文化高度发达的石器磨制工艺很不协调（见图 14），故持

图14　良渚文化有柄石刀

"破土器"之说者认为这是安装木柄后用来在土地上划出沟槽的农业工具，而不必像切割石刀那样制作得很精致；但这类石刀又普遍形体扁薄，且有不少直柄靴形或小巧者，显然不太适于划沟松土，加之良渚文化又很少见有其他类型的石刀，故"石刀说"似更具有合理的一面。此外，山西陶寺中原龙山文化大墓所出土的 V 字形石厨刀，形制与这类石刀也十分接近。前者与木俎同出，显然是用于庖厨，从而进一步证明这类有柄石刀可能与农具无关。至少其中的大部分应是作刀使用的。目前这类工具的出土数量已相当可观，在其后的马桥类型文化中仍较流行，并相继见于华南和台湾等地。

　　六是山东龙山文化半月形双孔石刀。

　　山东龙山文化又称典型龙山文化，主要分布于以泰沂山系为中心的山东半岛及邻近地区，延续时间为公元前 2600～前 2000 年左右，是发现最早、研究最为全面的中国新石器时代文化之一。半月形双孔石刀是该文化的典型石制切割工具，在大多数遗址中常见，是石制生产工具中最富有特色的一种。

这种石刀形体不大，石料多选自流纹岩、页岩或闪长岩等，通体磨光，一面或双面直刃，许多刀刃因长期使用而略向内凹，背部弓起呈半月形，中部偏上钻有双孔。使用时手握刀背，以绳穿孔相勒，极像现代中国北方地区尚存的"爪镰"（见图15）。

这种石刀是长方形双孔石刀的进一步发展。它在大汶口文化时期尚少见，至龙山时代逐渐流行开来。初时背部的弧度很小，两侧尚有直边，以后逐渐向半月形发展，至龙山文化晚期，其数量已可与长方形双孔石刀比肩。尤其是在山东龙山文化

石刀使用
方法示意图

图15 半月形石刀

之后的岳石文化阶段，半月形双孔石刀更占绝对优势，如山东泗水县尹家城遗址岳石文化层出土的130件石刀中，仅半月形双孔石刀一种即达101件，而长方形双孔石刀仅16件，可见其差距之大！龙山时代半月形双孔石刀的迅速增多，反映了当时农业经济已有长足的发展。

半月形双孔石刀在豫东一带的中原龙山文化中亦比较常见，其他地区出现的时间一般要晚一些，有些地方在商周时期还存在。辽宁宽甸县战国时期的一处燕国窖藏中，出有形制与之完全相同的半月形双孔铁

刀，反映了二者之间的承继关系。

七是陶寺墓地石厨刀。

陶寺墓地位于山西襄汾县陶寺村南，是新石器时代晚期最大的墓地之一。"石厨刀"为此墓地中出土的特殊切割工具，又称 V 字形厨刀"或"曲尺形石刀"等，主要出于大型墓葬中，并多与木俎（木制的矮桌）同出，显然为日常庖厨用具。

石厨刀形体普遍较大，多以青灰岩、板岩磨制而成，外形近似侧置的 V 字形；上端为斜柄，稍加琢磨，以便手握，并曾见到装置木柄的痕迹；刀身宽于柄部，一般磨制光滑，下缘磨成弧状双面刃。3015 号墓所出的两件石厨刀，一件通长 28.5 厘米，另一件通长达 60 厘米，均出于木俎附近（见图 16）。因这种石厨刀形体较大，还曾被称为"三角形犁形器"，但其功用与石犁完全不同。这种制作精致的专用厨刀，在北方地区仅见于陶寺墓地。从厨刀主要出土于大型墓，并与木俎、陶鼓、石磬等共存来看，它们应是贵族阶层的专有物。

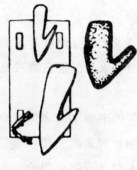

图 16　陶寺石厨刀

至于这类石厨刀的用法，不少人认为应是宰割大型动物的剖刀。有人通过对这种石刀的专门研究，认为当把动物吊在树上时，这种石刀尤其适于剥皮和剔骨。刀柄的倾斜恰好解决了持刀人与被剖割物之间的分力夹角，使刀刃与受力面平行，从而大大提高了切割效率，是人们在总结过去经验基础上的一项重要发明。它对于研究我国的烹饪史具有重要意义。

形形色色的石铲

石铲是掘土、翻地的工具，一般安装有长柄，形制和使用方式均与今天的铁锹（锨）相似。最早的石铲是随着农业经济的兴起而出现的，其前身则是旧石器时代用于挖掘块根和掏穴的尖状器、铲形器。

我国目前发现的时代最早的磨制石铲，一是见于华南地区的洞穴文化（如广西柳州白莲洞 I 期文化中就发现有磨刃石铲）；二是出土于中原地区的裴李岗文化和磁山文化中，时代都在距今 8000 年以前。中原地区所发现的石铲形制和加工方式已比较进步，说明在其之前还应有更为原始的磨制石铲。在裴李岗文化和磁山文化（有人亦将之合称为"磁山—裴李岗文化"）所出土的石铲中，两端呈圆弧形的长体舌刃石铲数量最多，也最具代表性；其次为平顶舌刃或尖圆刃石铲。绝大多数石铲都经过磨制，但还残留明显的打制与琢制疤痕，通体磨光者几乎没有，更不见钻孔、剖光工艺等；只是已有个别石铲打制成窄肩，说明这时的石铲多已装柄使用，其装柄方式应为比较简单的捆绑式（见图 17）。在所发现的少量打制石铲中，打制成形技术已相当进步。

此外，较裴李岗文化和磁山文化略晚的甘肃秦安

图 17　早期石铲及其装柄示意图

大地湾一期文化和陕西李家村文化（又称老官台文化）等也都出有较多的石铲，形制有扁平舌状双弧刃、扁平梯形和长方形以及穿孔石铲等。石铲种类的增多，说明其在农业生产中的应用日趋广泛；而穿孔石铲的出现，使石铲装柄更加牢固，说明这时的掘土工具又有新改进，以至于在新石器时代中期以后，石铲的发展呈现出丰富多彩的局面。

在黄河流域有着广泛影响的仰韶文化中的石铲类型及特点在旱地农业文化中具有很强的代表性。该文化石铲数量多，分布广，自早而晚均很常见，多数出土于遗址中。石铲多用硅质灰岩及角闪岩之类石材制成，一般打制后刃部磨光或通体磨光，少数未采用磨制方法。

该文化石铲发展脉络清楚，反映了生产力水平的逐步提高：早期石铲较少，打制石铲占一定比例，形体不很规整，显得比较笨重，多呈叶片形或椭圆形，有人又称其为石耜；中前期石铲数量大增，主要有心形、扇形和长舌形 3 种，个体比较宽大，前部突出，多呈弧形刃，形制已较稳定，一般均经过磨制，穿孔石铲开始增多；中后期出现了梯形穿孔石铲和有肩石铲，通体磨光者已很常见，穿孔技术更加成熟，器形趋于多样化，大、中、小型石铲已形成系列；晚期流行长方形石铲，刃部多已比较平直，同时，梯形弧刃石铲和有肩石铲也占相当比例。自仰韶文化中前期开始，石铲形体普遍向宽而薄的方向发展，刃部更加锋利，铲刃是从圆弧刃演变为平刃，特别是穿孔石铲的不断增多和有肩石铲的出现，使得石铲更适于捆绑装柄，反映了技术的新进展（见图 18）。

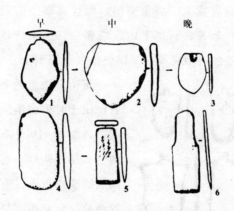

图 18　仰韶文化石铲演变示意图

仰韶文化石铲不仅在农业生产中广泛使用，而且还是建造地穴、窑洞等不可缺少的重要工具。石铲出土时多已残缺，不少石铲顶部还留有装柄时的磨蚀痕迹，说明它们是在严重损坏后才被丢弃的。

岭南地区流行的"双肩亚腰形石铲"主要分布于广西南部和广东西部的大片地区，其中又以左、右江汇合地带的广西隆安、武鸣、扶绥、邕宁和南宁等 5 个县市最为集中。石铲多用砂质页岩、板页岩等加工而成，多数通体磨光，少数留有打制痕迹。磨光石铲中常常是一面磨制精美，而另一面则磨制粗糙，显得凹凸不平。造型上的突出特点是皆有双肩、短柄，左右对称，肩下略内收成亚腰，舌形弧刃。这类石铲自早而晚有一定的发展关系。如早期石铲的肩角不很突出，亚腰不明显或无亚腰，整体似舌形，刃部比较锋利，多为实用器，与今天的铁铲很接近，其直接前身应是当地新石器时代早中期流行的有肩石铲。晚期石铲不仅双肩宽大，肩角突出，而且肩部还出现了对称的花边形扉芽；肩以下内收成弧形，呈束腰状，舌形弧刃，整体造型优美，制作规整（见图 19）。

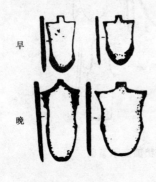

早

晚

图 19　双肩亚腰形石铲

更值得注意的是，这些石铲出土时多成组放置在一起，每组 2～10 件不等，有的竖立排成队列，有的侧立围成圆圈或∩形，有的则平置叠放，分布很有规律。其中又以刃部朝天竖立排列者居多，其下常有成片红烧土。同时，有很多石铲或刃缘钝厚，或个体细长扁薄，或个体硕大厚重，显然并非实用品，估计应与祭祀或宗教礼仪有关。至于祭祀的对象是什么，一种说法认为是祭祀与农业有关的自然神的场所，其中"圆圈石铲的组合是祭祀天神的，'∩'字形和队列形石铲的组合则是祭祀地神的"。但不少学者对此仍有异议。

有关这类石铲遗存的性质、延续时间、文化传统和分布特点等仍被学术界称为"石铲哑谜"，有待进一步探讨。

石锯与锯齿刃石镰

作为主要手工工具之一的锯，在我国历史上出现也很早。文献和民间传说中均公认锯的发明者是春秋时期的著名工匠鲁班（公输班），并将他发明锯的过程描述得绘声绘色。其实这是由于锯的产生太为久远，史前时期又没有文字记载，因此后世的人们便将锯的发明归功于所能追溯的最早的能工巧匠身上，正如把粟的发明归功于后稷，把火的发明归功于燧人氏，把找不到发明者的车船、兵器、房屋之类均归功于伟大的黄帝一样。

我国称得上锯的最早遗物见于山西朔县峙峪旧石器时代晚期文化中（距今28000年左右），是把薄石片的一侧边缘修理成锯齿状刃口，敲击出来的刃缘比较均匀，刃口薄而锋利，当锯使用是很可能的（见图20）。这类"石锯"由刮削器发展而来，最初也兼作刮削之用，因此，在峙峪遗址的发掘报告中，还称之为"单边刃刮削器"。这是旧石

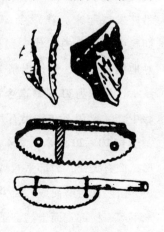

图20 早期石锯及其装柄示意图

49

器时代一器多用特征的表现，说明这类"石锯"既可以刮削，又可以锯截。

到距今 20000 年左右的山西下川文化阶段，石锯的数量开始增多，发掘报告中也直呼其名为"石锯"。这些石锯的制作方式与峙峪石锯类似，有的两侧均有锯齿，有的还带短柄（见图 20），说明石锯制作又有所改进。

另外，较下川文化略晚的辽宁海城小孤山洞穴遗址中，还发现了被锯截过的鹿角、骨器等，表明锯的功能在旧石器时代晚期已被认识和利用。

新石器时代以后，随着农业经济的兴起，当时的人们逐渐从山上迁到平原，从洞居野处向半地穴和平地起居的居住方式发展。伐木建屋，制作骨、角器，以及开辟农耕用地等，已是生产和生活中的重要活动之一，与之相应的斧、锛、锯、凿等木作和手工工具迅速发展起来。在距今 8000 多年前的裴李岗文化时期，中原地区的古代先民还把锯的功能与镰的功能巧妙地结合起来，制作出精美实用的锯齿刃石镰。

这种锯齿刃石镰迄今已发现 100 多件，多出自墓葬中，主要用石灰岩类石片磨制而成，制作多很精细。一般长 10～20 厘米，宽 4～6 厘米。形制多为拱背长条形，前有尖锋，刃部平直或稍内凹，有细小的锯齿；锯齿多由两面对磨而成，齿尖微向前倾，齿距 0.2～0.5 厘米不等，柄部宽而上翘，下部磨有一至两个缺口，个别的穿孔，以便用绳子之类固定在木柄上使用。柄部多较宽大，柄下端与镰体形成一个弧形钝角，既可以上下

斜向锯截，也可以前后平向
收割，是典型的多用型工
具。一些石镰还加工成鸟
形、弯钩形等，在实用的基
础上又增强了艺术性（见图
21）。

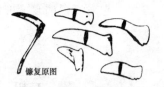

镰复原图

图 21　锯齿刃石镰及其
装柄示意图

　　锯齿刃石镰在仰韶文化初期已不再多见，之后则
被石刀所取代。因为石刀在使用方式上更为灵巧，其
中的有孔石刀又称作"爪镰"，可见石刀与石镰在功能
上亦有相通之处。锯、镰、刀三合一的典型实物见于
马家窑文化。该文化两侧或一侧带锯齿的长方形双孔
石刀，既可以横握作切割用的刀、镰，又可以竖握作
锯截用的锯。它与早期石器（如刮削器）一器多用的
原始功能已有本质不同，是复合工具发展的代表（见
图 12 中 1、2）。

　　随着社会分工越来越细，工具亦日趋专门化，
锯、镰、刀等各取所用，工具形态和结构更趋于合
理。如龙山文化时期的镰柄和镰体多呈垂直状态，使
用效率明显提高。这一时期的锯有的已装有横柄，如
山东邹县南关所出的一件石锯，通体呈扁扇状，磨制
精细，长 26 厘米，中宽 8 厘米，背厚 1 厘米；锯齿
两面对磨而成，其中一面的几个锯齿尚未磨完，只界
出了格子的距离；近两端处各钻一孔，背部磨有插
肩，说明石锯原嵌在木槽内，用绳子通过两端的孔捆
在木棍上，使用时拉动木棍的两头（见图 20）。此锯
的出现表明，至少在龙山文化时期，锯已采用了装柄

方式，它对于说明夏商时期铜锯的使用方法有重要意义。

石耜、石犁和耘田器

石耜

耜是古代常用的一种装柄农具，形状类似现在的铁锹。它是由木耒（一种掘土用的尖木棒）发展而来的，分耜与耜柄两部分，耜柄下部又常有脚踏横木（见图22）。有关耜的早期实物目前已发现不少，主要分布于农业经济最先出现的黄河及长江中下游地区，出土数量较多的有关中地区的老官台文化、李家村文化，山东地区的北辛文化和长江下游的河姆渡文化等。尤其是河姆渡文化出土的带柄骨耜，为研究当时耜的使用方式提供了珍贵资料。

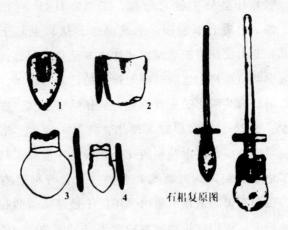

图22　石耜及其复原图

早期石耜加工多不很精致，与石铲往往难以区分。其实二者的功用是相同的，只是耜的形体更为宽大，不太适于翻挖硬质土壤，比石铲的使用范围相对要小。如关中地区的早期石耜多呈长舌状或叶片状，上部多内收或在中间部位磨出浅槽，几乎全是宽弧刃。而北辛文化的石耜则以平头宽体长舌刃者为多，主要采用硅质灰岩、泥灰岩制成。这类灰岩开料时成层分裂，十分有利于制作大型片状石器，因此，北辛文化的石耜显得更为宽大，打磨亦比较精致，如大墩子下层所出的石耜，有的长达50厘米，宽25厘米，只是因石质较软，又是主要的生产工具，故出土时多已残破，许多又被改制成小型石铲。此外，北辛文化的石耜还常在根部打出缺口或磨出凹槽，因而装柄后更加牢固（见图22中1、2）。

到新石器时代中期以后，石耜的数量明显减少，石铲的数量迅速增多。但石耜本身仍不断发展，在东北和华南等地还一度十分流行，如以内蒙古敖汉旗赵宝沟和小山遗址为代表的赵宝沟文化中，农耕用的石耜就很流行。这种石耜有人又称之为"石犁"。但根据犁一般需要有牵引力的结构来说，称其为耜当更合适。这一时期的石耜多全身磨光，扁平体，宽圆弧刃或略带尖状，正锋，石质不如斧类坚硬，多呈锄形或鞋底形，一般在器顶中部有一浅凹，应和装柄有关（见图22中3、4）。这种石耜在后来的红山文化中流行开来（红山文化是分布于西辽河流域和内蒙古东南部的新石器时代晚期文化。因1935年发掘的内蒙古赤峰市红山后遗址而得名），形制也发展为烟叶形和草履形等，个体较大，宜于深耕。从其使用痕迹看，当为掘土和松土之用，代表了北方地区的农业生产特色。

石犁

翻土用的犁是从铲、耜、锄等演进而来的，出现的时间也比较早，大约可早到距今 5000 年前后，最初主要由人力牵引。而"犁"字本身的出现却比较晚，是战国以后采用牛耕、因"牛"而得其利的结果。

目前为多数人认可的早期石犁主要发现于良渚文化中，个别实物的出现时代还可能更早些，主要分布地区是太湖周围和杭州湾一带。一般称之为"三角形石犁"，有人亦称之为"三角形石刀"或"石犁铧"等，是该文化中比较常见的特种石器之一。

这种石犁一般用片岩、页岩或板岩等打、琢、磨制而成，形体扁薄宽大，表面光滑平整，多有使用痕迹。按其形态不同可分为两种：一种如等腰三角形，两侧腰磨出刃部，刃夹角在 40°～50°，中线前后穿 1～5 孔，或排成一列，或作三角形平均分布，有的后端常带若干缺口；一般长在 20 厘米以上，有的长达 60 多厘米。由于这类石犁既宽大又扁薄，因而单独用于翻地时极易折断，而且也过于笨重。从石犁底部多无磨损痕迹且又制作平整的特点来看，这些石犁下部应装有犁床。根据部分考古和民族学家的研究，犁床尖部由两部分构成，下为垫木，上为木板，石犁夹在两者中间，外露刃部，然后穿以木钉固定，从而克服了石犁容易折断的弱点（见图 23 中 1）。在现代，四川木

石犁复原图之一

石犁复原图之二

石犁复原图之三

图23　石犁及装柄示意图

里、九龙等地，部分少数民族仍使用一种木犁，犁铧
是石质或木质的。其石质犁铧都插在木犁床的木銎中，
仅刃部留在外面。其用意仍是为了保护石犁铧，使其
不易折损，同时也便于更换犁铧。从出土的石犁形制
并结合民族学资料观察，这种石犁上应装有犁架。犁

架与梨床多是用树干及其枝杈制成：犁床较为粗长（多是利用树干），犁架前辕或是利用鹤嘴式的枝杈，或是直接系绳牵拉，后面的犁柱则多利用较粗的支木，或另装一合适的小树干。从不少石犁后端常有一弧形缺口看，其用意在于顶住后部的犁柱，控制石犁不向两侧滑动以保持固定的方向。若上述推断不误，则这种石犁的结构已比较科学，尤其在具有一定浮力的水田中操作时更为适合，是良渚文化先民的一项伟大创造（见图23中2）。

另一种石犁为不等边三角形，形体大的长达50多厘米，小的一般也在20厘米以上；仅一边有刃，刃端尖锐，刃部上方有一斜向的长方形或三角形凹槽（少数为穿孔），与刃对应的一角有一缺口。其缚柄方法一般认为是先把挖有榫槽的木棒插入石犁上端，再以绳通过凹槽与缺口将木棒缚住。用法与前者类似：一人在其侧后，向前下方斜刺入土中，另一人用绳索系在近下部向前拉动，在前引力的牵拉下可连续向前推动，主要用于开沟松土，可以说是最早的开沟犁（见图23中3）。

这两种石犁目前已发现数十件，分布范围大致相同，均可达到松土和深耕的效果，既有利于恢复地力、减少虫害，也大大提高了耕作效率，是当时最为先进的农耕工具，直到夏、商时期仍流行于这一地区。它对于后来犁耕农业的推广和松土工具的改进无疑起到了重大影响。

耘田器

我们这里所说的"耘田器"，是对新石器时代晚期长江下游地区良渚文化中出现的一种特有农具的"名称假借"。其形状与现在南方常用的耘田工具相似，因而得名，主要分布地区也是在太湖周围及杭州湾一带，与石犁的分布大体一致。

目前所发现的耘田器多呈"凸"字形，器形规整，两翼上翘，刃部对称，中间略尖突，或呈弧形。除少数钝厚而未开刃外，多数刃部较为锋利。在背部居中的凸起部位常穿有一圆孔，一般认为是供插木柄或竹柄使用的。其突出部分用以系绳索，使柄插在孔内不致脱落。装柄方式和用法与锄类似，亦属于中耕除草和松土工具。它与北方大汶口文化等所发现的鹿角鹤嘴锄一样，是为适应不同的中耕方式而发明的，反映了良渚文化先民在农业生产技术方面的新进展（见图24）。

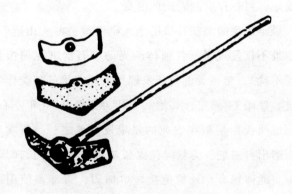

图24　耘田器及其复原图

这种工具在良渚文化之后仍继续使用。浙江定海出土的战国时期"铜耜"，形制上与这种石耘田器十分接近，应是金属工具出现后的发展形态。

6 最早的平木工具——锛

锛与斧同源于旧石器时代的砍伐器（砍斫器），可以说是同门兄弟，但它主要是作为一种平木工具出现的，是木器加工业发展的产物。

早期的锛与斧差别不大，即使打制成偏刃的锛，也往往像斧一样用以砍劈树木等，它们的功能分化是在生产中逐渐被确定的。最早的锛形器见于山西下川文化中（距今约 20000 年），分大小两种。大的锛形器与斧形器用法相同，都是用来砍劈。小的锛形器由较厚的扁平石片做成，有长方形、长条形、斜刃梯形和截尖梭形等多种，其用法当不止加工木器，形体也不太稳定，可视作磨制石锛的前身。

最早出现的磨制石锛出土在湖南澧县彭头山遗址。该遗址不仅发现了一件通体磨光的小石锛（原简报称斧，不确），更重要的是还发现了人工栽培的稻类作物遗迹。经碳 14 测定，其绝对年代为距今 9000 年左右，从而证明我国是稻作农业的最早发源地之一。所发现的石锛出自遗址，为灰绿色泥岩制成，整体呈长梯形，较薄，通体细磨，残留疤痕，单面刃，刃部因使用而崩残。通体长 8 厘米，宽 4 厘米，厚 0.85 厘米（见图 25 中 1）。同时，该遗址还发现有钻孔石管等，加工方法有切割、刮削、细磨、两面对钻成孔和刻划等，尤其是磨制和穿孔技术的出现，说明石器加工工艺已比较成熟。

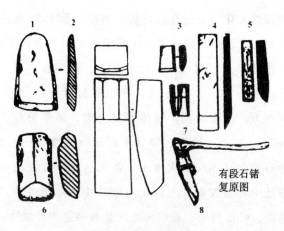

有段石锛
复原图

图25　典型石锛图例

此外，距彭头山遗址很近、时代略晚的石门县皂市遗址也出有类似石锛，其磨制和造型技术更加进步，反映了石锛的发展进程。

继彭头山遗址之后，南北各地陆续出现了各种类型的磨制石锛，其专用于木器加工的功能亦日趋明显。特别是新石器时代中晚期，石锛的种类更趋多样化、系列化，大、中、小型一应俱全，有段石锛、有肩石锛、起脊石锛、长条石锛等，各具特色。这里略举几例。

一是大汶口文化有段石锛。

有段石锛是指将石锛的上部平挖去一部分，以便与对称挖去一部分的曲柄相扣合，使锛的上下面平齐，从而更适于平木、开料等。它是从无段石锛发展而来的，是新石器时代中期出现的一种新型木作工具。

这种石锛在沿海一带最先出现，尤其以良渚文化和大汶口文化出土的有段石锛最典型，如1959年在山东泰安市大汶口墓地4号墓中所出土的一件有段石锛。此锛用硅质灰岩制成，硬度达9级，正面长方形，断面近方形，背面上部有段，段面略起双脊；方平顶，单面齐刃，极为锐利；通体磨制光滑，棱角分明，长14厘米，宽4.3厘米，厚3.4厘米（见图25中2）。这种石锛在江苏邳县大墩子、新沂县花厅等大汶口文化遗址中都有发现，主要出自墓葬中，形制规整，制作精美，特征鲜明，在沿海地区具有一定的代表性。

二是崧泽文化长条石锛。

崧泽文化是新石器时代晚期分布于太湖流域的一支重要文化，因1960年首次发掘的上海青浦县崧泽遗址而命名。长条石锛为该文化特有的石制平木工具，在各类石器中为数较多，也最有特色。

这种石锛均呈长条状，横剖面作扁长方形，背部较直或略起脊，单面平刃。其制作步骤是先将石料打制成扁平长条形，然后通体精磨，器形轮廓规整，外表光洁。崧泽遗址中层21号墓出土的一件较为典型。这件石锛质地为凝灰岩，长24.4厘米，刃宽5.3厘米，外表磨光，加工精细，整个器体格外长大，两面平直（见图25中3）。部分同类型石锛的背部已经出脊，成为良渚文化有段有脊石锛的前身，并逐渐流行于长江下游一带，甚至山东地区。

三是昙石山遗址起脊石锛。

昙石山遗址位于福建闽侯县闽江下游，是新石器时代晚期的一处典型贝丘遗址。1954～1974年间，福建省博物馆等单位先后在此进行了 7 次发掘，并将其中、下层为代表的遗存命名为"昙石山文化"。石锛为该文化最典型的石制加工工具，出土数量也最多。

石锛主要用黑色燧石制成，器身及刃部一般是打制后稍加磨制，少数磨制较精；形体以扁平长方形和梯形最多，分大、小两种，尤以一面平整，另一面弧背或人字形起脊，横剖面呈等腰三角形的石锛最有特色（见图25中4）。有的器身特别厚重。在石锛制作技术和选料上从早到晚不断改进，早期形制不固定，打制后略经磨制；中期刃部定型，以长方形为主，除用燧石外，还选用了其他石料；晚期磨制更细，选料种类更多，大、小石锛形成系列，并且出现了形制规整、棱角分明、大体呈方形的石锛，以及极小的有段起脊石锛等。

四是山东龙山文化微形石锛。

龙山文化时期，石锛的制作技术已非常发达，不仅种类、式别复杂多样，而且数量多、分布广。其中山东龙山文化流行的"微形石锛"代表了这一时期石锛发展的新特点。

这种石锛的选料硬度通常都很高，多为石英岩、砂岩或燧石等，通体磨光，制作小巧，平面一般呈长方形或梯形，横断面多为扁梯形，分平刃与弧刃两种，长度普遍为 3 ~ 6 厘米，厚度为 1 ~ 2 厘米（见图25中5、6）。它们在使用时应装有曲尺形木柄，为复合工具。

7 悠久捕鱼历史的见证——网坠

最原始的捕鱼工具当与狩猎工具密切相关。随着火的普遍使用，人类的捕鱼活动也就相继开始了，而最早用于捕鱼的工具，很可能就是远投的矛和标枪等。欧洲（旧石器时代中期）莫斯特文化时期的远古居民已能制作出相当精致的小型手斧和石矛头。西亚卡尔迈勒山发现的一具木矛致伤的动物遗骸，则提供了当时使用木矛的证据。尤其是这一阶段或稍晚些时候所发现的有倒刺的骨鱼叉和鱼镖等，都说明人类至少在旧石器时代中晚期就已开始了渔猎活动！

那么，人类是何时学会织网捕鱼的呢？要回答这个问题就不能不提到网坠。因为鱼网在地下是很难保存下来的。只有与其伴生的网坠才可以作为鱼网历史的见证。当然，有人也从文献和民族学资料方面论证了鱼网的原始形态可能为简单的端网与捞网，即古文献中所说的"罟（音 gǔ）"，但苦于无出土实物相印证，只能作为一种比较合理的推测。要追溯鱼网的起源，就必须从网坠着手。

从我国的考古发现看，新石器时代早期阶段，渔猎活动已成为人们的主要生产方式之一，这从所发现的各种石、陶网坠及鱼镖、鱼叉等可得到证明。特别是鱼网的出现，大大提高了人们的捕鱼能力，扩大了人类的生存空间，其社会作用是十分巨大的。目前发现有网坠的早期遗址已不下十余处。南方地区以两广贝丘遗址及两湖地区的城背溪文化为代表；北方地区则见于裴李岗文化、北辛文化和沈阳新乐下层文化遗存等。时代距今9000～7000年。同时，在一些遗址的陶器上也发现有较多的网状纹、方格纹和编织纹等，说明当时的编织技术已比较进步，鱼网正是在编织技术发展的基础上出现的。

从出土的各种网坠来看，新石器时代早期的网坠数量少，形制简单、原始，石网坠多利用自然砾石稍作加工而成；陶网坠多作长条状，质料粗松，有些系利用陶片直接改制而成。新石器时代中期以后的网坠数量大增，有的一处遗址就出几十件、上百件。其中尤以陶网坠数量更多，并出现了精美的玉网坠等。网坠形态多种多样，有扁圆形、圆球形、圆柱形、椭圆形、方形、长方形、橄榄形和不规则形等。石网坠多在两端打成缺口或磨出亚腰，亦常见在中间或一端穿孔者；陶网坠则以在两端或中间压出凹槽最常见，也有不少两端穿孔或在四面皆压出凹槽的。

总的来看，人类的捕鱼历史从使用最原始的、一器多用的石矛、标枪和弓箭等，发展到使用更适用、更先进的鱼镖、鱼网、鱼钩等，大大提高了人类的捕鱼能力，为人类提供了更多、更好的生活资料来源，从而加快了人类文明的发展进程。

四 生产工具对武器 发展的影响

 弓箭的产生和使用

　　弓箭的产生是以箭头——石镞的出现为标志的。那么石镞是何时出现的呢？1963 年，中国科学院古脊椎动物与古人类研究所在山西峙峪旧石器时代晚期遗址中，发现了我国现知时代最早的一件石镞（距今28000 多年）。这件石镞系用非常薄的燧石长石叶加工而成，尖端异常锋利，尾端（底端）两侧加工成短短的镞铤（见图 26 中 1）。如此典型、精致的石镞，在我国旧石器时代晚期尚属首见，但这无疑是弓箭发明的一个重要信息。

　　在非洲摩洛哥也曾发现与峙峪石镞时代接近的带铤尖状器，被称为"摩洛哥尖状器"。其大小不超过新石器时代的石镞，器形也很相似。经过碳 14 测定，其年代距今 27000～30000 年，也应是出现最早的石镞。

　　较峙峪文化略晚的山西下川、宁夏水洞沟、河北虎头梁遗址等也都发现有石镞。下川文化的石镞数量

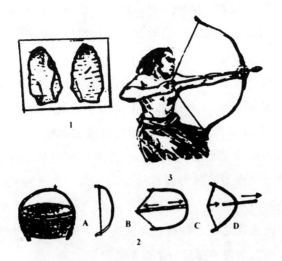

图26　弓箭发明及石镞的使用

还比较多，说明至少在旧石器时代晚期，为原始渔猎
经济带来一场革命的弓箭便已经产生了，以至于考古
学界将之连同发达的细石器制作工艺一起，作为"中
石器时代"到来的主要标志。

追溯弓箭产生的历史背景，我们不难发现，渔猎
经济的迅速发展，生活领域的不断扩大，以及自然环
境的压力等，是促使弓箭产生的社会基础和决定因素，
而石器制作工艺的发展、生产工具的不断改进以及社
会经验的积累等，则是弓箭产生的直接原因。

在弓箭产生之前，用于渔猎的木、石、骨制矛头、
标枪类工具已相继出现。旧石器时代中期以后，人类
已逐渐掌握了复合工具的制作技术，在生产活动中不
断积累经验，既可以用棍棒、石块等直接打击野兽，

也可以用长矛、标枪等射杀野兽，从而丰富了远投意识，提高了远距离狩猎的能力，并使弓箭的产生成为一种社会需要。

而绊兽索和双股飞石索的发明，对于人们认识弹射原理则是十分关键的。正是由于长杆（特别是竹竿）、皮条和绳索在投掷石球时有很强的韧性和弹性，可将石球弹出更远，因此，绊兽索在使用时将竹、木的弹力和皮条的弹力有机结合在一起，更增加了石球的飞射力和弹击力。双股飞石索则类似弹弓，可把石球甩出去，达到了标枪、矛头的远射效果，这对"离弦之箭"的发明更是一个重要启示。

另外，人类在认识了竹木、藤条的韧性和弹性之后，进而掌握了编织技术，并在编制条筐、勒制藤条、连缀兽皮和结绳成网的实践中，发现了弓和弦的弹射机制（见图26中2），从而为弓箭的发明提供了必要的物质和技术基础。

如此，弓箭的基本功能和部件都已具备了，剩下的便是要人类的意识来组合这些功能：人们在甩出绊兽索时会看到弯弯的竹竿弹出了直射而出的石球（弓（⌒）），而在甩动双股飞石索时会看到石球被皮条弹射而出（弦 >O），再加上长期使用标枪、长矛的经验（箭→），在人类特有的意识作用下，经过长期的尝试、摸索，尤其是在用木棍撑勒藤条以作筐系或捞网框架时的偶然发现（木棍在撑勒藤条时，因偶然的滑脱而将木棍弹射而出，这对弓箭的发明是极为直观的启示），终于激起了人类的灵感，把竹竿（弓）、藤条、皮条或绳索（弦）、标枪或尖木棍（箭杆）有机地结合起来，从而发明了最初的弓箭（见图 26 中 3）。

可见，弓箭的发明是一个相当复杂而又漫长的过程，是在积累了丰富的经验和有了一定基础（必要的发明）之后，与人类较发达的智力综合作用的结果，是对人体臂力和物体弹力的一次成功结合。它的出现对于渔猎经济的发展起了划时代的作用。

弓箭在世界各民族的历史上都曾得到极为广泛的普及。农业经济产生以后，弓箭仍是强有力的渔猎工具和战争武器，直到今天仍被作为体育、娱乐节目等保存下来。我国的新疆、西藏、云南、四川和黑龙江等地，许多少数民族在新中国成立前都还使用着传统的弓箭，弓箭的箭头有石制的，也有竹、木、骨制的，箭杆和弓多以竹、木为之，弦则多用皮条、兽筋等。

流星赶月话石球

石球是旧石器时代中晚期广泛流行的狩猎工具，又称球形石。它主要是用类似形状的砾石或石核加工而成，一般重 0.5 ~ 1 公斤，直径 5 ~ 10 厘米，是猎取大型野兽的有力武器。

那么石球是如何用来狩猎的呢？丰富的历史和民族学资料可以告诉我们这一点。最原始的使用方法是手投式。旧石器时代早期主要是以这种方式使用石球来狩猎和获取食物。但到旧石器时代中期，这种方法便很快被连索式的使用方法所取代，其基本使用方法又分两种：一种是绊兽索。它是在很长的木杆一端拴一条 5~6 米长的绳子，绳子另一端拴一个石球（石球多用皮革等包裹起来，便于拴绳），类似甩鞭。用时先将绳子绕于木杆顶端，等逼近野兽时，猛然向兽腿部甩动木杆，石球带绳一跃而出，击中目标后急速旋转，将兽的腿、足牢牢缠住，从而将之捕获。这种方法直到新中国成立前夕仍为我国一些少数民族所使用。另一种是飞石索，又叫飞石锤，在我国的藏族、羌族、蒙古族、纳西族、普米族和彝族等历史上都曾使用过，汉画像石中也有类似画面（见图 27）。

新中国成立前纳西族的飞石索

飞石索使用方法示意图　　岩画中的飞石索

图 27　石球及其使用方法示意图

飞石索有四种形式：第一种是单股飞石索，索长 0.6~0.7 米；一头拴住石球，另一头握在手中。投掷时先挥动手臂使其旋转，然后向猎物猛投过去。石球如流星赶月般飞向野兽，力量比手投要大数倍，或将野兽击伤、打倒，而后猎人迅速赶上去捕获。

第二种为双股飞石索，索长 1 米多，中间编一个凹兜供盛石球。使用时把飞石索两端握在手中，利用手臂的旋转力将石球抛出去，有效射程 50～60 米，远者可达 100 米左右，是近距离追逐野兽时的强有力工具。这种飞石索既可投掷一枚大石球，也可投掷数枚小石球，后来的弹弓便是受其启示而发明的。

第三种与前两种有相似之处，是在一根绳索的两端各系一石球，使用时以手取其中间位置，甩出后，因两石球重量不同，轻者先击中目标，重者借冲力而迅速将猎物缠住，这样一击、一缠，在狩猎较大型野兽时非常奏效，是飞石索的一种发展形式。在云南纳西族象形文字中，把飞石索写成一根绳子的两头分别系两个石球，与这种飞石索如出一辙。另外，岩画中也有这种飞石索的图像（见图 27）。

飞石索在南美印第安人中有广泛使用（他们称飞球索），不仅有两股两球、两股一球者，还有三股三球者。他们经常骑马投射，借助于马匹奔驰的速度和手臂旋转的力量，在头顶上空舞动拴有最小石球的那股绳索，猛力发射，有时可连续发出四五副，能将 70 米开外的兽腿缠住或击断。但这种狩猎方式在人类未驯化家畜之前的旧石器时代是不可能办到的，显然是畜牧饲养业发展的产物。

 3　从石斧到石钺

石斧作为最主要的砍伐工具，其前身来自旧石器时代广泛使用的砍伐器（又叫砍砸器、砍斫器）。砍伐器的成熟形态是一种被称作"手斧"的斧形器。这种"手斧"在欧洲旧石器时代早期的阿布维利文化与阿舍利文化中已比较普遍，我国山西匼河、丁村等旧石器时代早、中期文化中也都发现过。其主要功用应与石斧相同，只是形体还不太固定，还具有一器多用的特点。

旧石器时代中期以后，打制石斧在砍伐工具中已占相当比例，只是尚未出现磨制技术。真正采用磨制技术的石斧是在旧石器时代向新石器时代的过渡阶段出现的。这一阶段相当于中石器时代前后（距今14000～8000年之间），是由采集、渔猎为主的"攫取经济"向农业和畜牧业为代表的"生产经济"的过渡时期。磨制石器工具的出现是这一阶段的重要特征（见图28）。至于最早出现于农业聚落中的磨光石斧，则首推中原地区的裴李岗文化和磁山文化。其上限可早到距今8000年以前。石斧的基本形制为梯形或长条

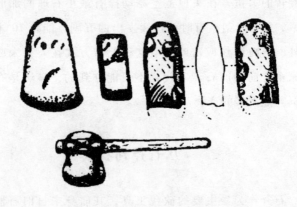

图28 早期磨制石斧及装柄示意图

形，横剖面多为椭圆形，双面弧刃或舌形刃。分大小两种，大型石斧以长条形居多，形状与石铲很接近，但较石铲要厚；小型石斧多呈梯形，顶端尖圆，器体较厚，磨制更为精细。除磨制石斧外，这时仍有较多的打制石斧，如磁山遗址下层所出土的打制石斧有48件，磨制石斧有45件，二者占全部石器的一半以上，可见这时的石斧已成为最主要的生产工具。

另外，华南地区出现的双肩石斧，其上限也可早到新石器时代早期，反映了以渔猎为主、兼营农业的另一种文化类型。

石斧在作为生产工具的同时，又逐渐演化出砍杀型石制武器。关于这一点要从石斧所具有的自然特点说起。石斧通常比较坚硬厚重，磨制石斧的刃部相当锋利，尤其是装柄后更适于单手或双手握持砍伐，这就使得石斧成了重体力劳动工具的代表。正是由于石斧在各类石制工具中的这种特殊地位，因此它在广泛用于砍伐树木、砸切坚果、兽骨的同时，很自然地也用于同野兽或外部入侵者搏斗。久而久之，石斧作为武器的特点越来越明显，并分化出一类特种武器——石钺。

在属于新石器时代晚期崧泽文化的江苏海安县青墩遗址中，1979年曾出土一件装柄的穿孔石斧模型，时代约距今5500年前后。该模型用泥质红陶制成，是按照实物仿制的，只不过形体较小。模型分柄和穿孔斧两部分，柄为椭圆形棒状，前粗后细，前端翘起，有浅槽可嵌入穿孔斧；槽上有三孔，可分别用绳与斧

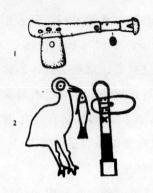

**图29　石斧模型及鹳鱼
石斧图**

孔捆缚在一起，以使斧固定在槽内；柄后端作半球形，并有三角形镂孔。中部偏后有手握的圆柄，其前尚有一孔，当是拴环佩挂之用（见图29中1）。

这件石斧模型尽管形体较小，但从其制作的精致程度看，原物绝非一般用器，而很可能是一位军事首领的随身武器，其用意也不只是砍杀格斗，而很可能已具有权杖或法器的功能，是威严和勇猛的象征。此外，在该遗址的不少墓葬中都发现有制作精美的穿孔石斧、多孔石斧和石钺，它们的装柄方式当与这件石斧模型相同，特别是其中的石钺，或许就是这种模型的原型。

石钺的出现并不是偶然的。进入新石器时代中期以后，随着母系社会向父系社会的转化和社会财富的不断积累，为掠夺财富而进行的战争亦日趋频繁，强壮男丁的社会地位日益提高，战斗中的勇士最受尊重，由此而形成了尚武风气。同时，在战争中发挥重要作用的石斧等也备受礼遇，不仅在制作时精而又精，而且形体也不断改进，由无孔到有孔，由窄刃到宽弧刃，甚至连柄部也刻纹绘彩，制作得精美别致。如河南临汝县阎村出土的一件仰韶文化大陶缸上，就用红、白、黑颜料绘制出一幅生动的"鹳鱼石斧图"画面。"鹳衔鱼"俨然是征服者对被征服者，而制作精美的"装柄穿孔石斧"则明显具有权威性质，是勇猛与征服的象征（见图29中2）。其形状与青墩所出石斧模型颇为相似，二者的用意当是一致的。正是在这种尚武精神的影响下，一种比石斧更为精美、更具威力的武器——钺，便脱颖而出了。来源于石斧的钺逐渐成为权威和地位的象征，直到商周时期仍以玉钺、铜钺等形式存在，并被作为统治者专有的礼仪重器。

从石钺的分布特点来看，越是农业文化发达的地区，石钺的出现就越早，数量也相对要多。如分布于长江下游地区的良渚文化，迄今所发现的石钺数量已达1000多件，其中相当一部分石钺还是用玉质石料制作的。石钺主要出自大、中型墓葬中，器形类似石铲：通体扁平宽大，形制规整，制作精美，一般中间较厚，边缘较薄；顶端或平齐、或弧凸、或出肩；刃部大多呈弧刃且较宽阔。一般在打制成形后通体精磨，中上部都有一个双面管钻的大圆孔，对孔准确，仅少量略有错缝。这类石钺除具有武器的功用外，另有一部分已演变为专门显示权力地位的礼仪用器，是氏族、部落贵族，尤其是军事首领所持有的权杖或法器。

具有特殊用意的石钺加工均很精致，刃部多无使用痕迹，有的在肩、角处还刻有精细的兽面纹或鸟纹等，除具有琮、璧等礼器的神秘外，还有一种威严感。如浙江余杭反山墓地和瑶山、汇观山祭坛遗址大墓等，随葬的石器均仅有石钺一种（见图30中1~5）。汇观山4号大墓共出石钺达48件，为目前出土石钺最多的一座。该墓规模之大，在良渚文化墓葬中也是佼佼者。

73

所出的48件石钺中，基本形制都呈长舌状，平顶或略为弧突，直边，宽弧刃，近上部中央穿一大孔。器体扁薄宽大，打磨光滑，造型精美。一些石钺还有窄肩或顶部中间凸出一方形楔，应是装柄使用的。石钺出土时成堆叠放在一起，绝大多数无使用痕迹，说明是墓主人死后专为其随葬的。如此众多的石钺出于一墓，反映了墓主生前应享有很高的军事地位，当为氏族或部落显贵。

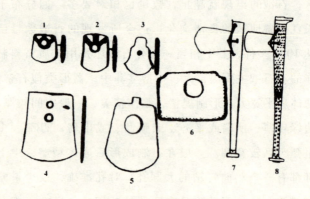

图30　良渚文化石钺

从余杭的反山、瑶山墓地等玉钺出土时的结构和摆放位置看，石钺在使用时当装有长柄，特别是作为权杖或法器的石钺，往往在上端嵌有冠饰，下端嵌有尾饰（端饰），柄上嵌有玉粒等（见图30中7、8）。不仅钺身和冠、尾饰的用料精良（精品均为玉质），磨制精细，而且有的还刻满羽状纹、卷云纹，以及神人兽面纹和鸟纹等。从其放置部位看，石钺握持时柄与身体上下平行，尾端冲下，钺位于头肩处，刃部冲外，很像侧抱令牌状。有关石钺的功能分化问题目前已引起学术界的广泛关注。

此外，在江苏昆山市赵陵山遗址的 77 号大墓中，还出土了迄今所知形体最大的一件石钺（见图 30 中 6）。此钺出土于墓主人腰部右侧，宽 29 厘米，高 22 厘米，顶部有肩，近上部穿一大孔，时代属于良渚文化早期（距今约 5000 年）。

4 武器之最

武器是从生产工具分化出来的。最早用于杀伤野兽的武器就是人类最初制作的砍砸器、尖状器等，随着社会分工的发展和工具的专门化，武器也渐渐从生产工具中脱离出来。首先出现的第一种专用武器应该是矛（标枪），其次才是弓箭。石球和打制的手斧、石斧等，都可以兼作砍砸、投击果实或挖掘之用，还算不上专用武器，特别是石斧，在石钺未出现之前，它一直是兼作武器和工具使用的。

下面就我国所发现的最有特色的几种武器作简要介绍。

最早的石矛

作为长柄刺杀武器的矛，是在人们使用尖木棒进行狩猎的过程中，在使用尖状器的基础上，最早制作的复合武器。与之功用相似的还有标枪和鱼叉等。我国打制石矛的出现可早到旧石器时代中期前段。山西丁村遗址和许家窑遗址的小型尖状器，以及用长骨片

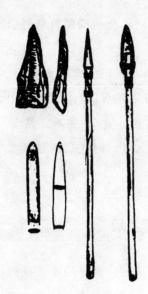

图31　早期石矛及其装柄示意图

加工而成的三棱尖状骨器（矛）中，有些很可能已装柄，作为投刺武器使用，只是其形态还相当原始，尚处于石矛的萌芽状态（见图31）。

到旧石器时代晚期，石、骨制作的矛、鱼叉等已比较定型，并出现了更为先进的弓箭等。这时的石矛形体较小，多采用两面加工，有的在尾部打制出短铤。骨鱼叉在辽宁海城小孤山遗址等地有发现，已采用磨制技术。中石器时代到新石器时代初期，石矛的基本发展趋势一是加工更加精细，造型更加对称、协调；二是出现了磨制石矛。

时代最早的两件磨制石矛分别发现于广西桂林甑皮岩和河南新郑裴李岗遗址（见图31）。前一件用长条形板岩磨制而成，扁体，尖刃锋利，尖端两面有许多人工留下的锥状痕迹，显然是在磨制前先进行精细的琢剥，磨制后尚留有琢制痕迹。后一件石矛出于墓中，形体长大，磨制更加精细，可惜刃尖和尾部稍残，横剖面呈扁棱形，残长23.8厘米，宽5厘米。

从这两件石矛看，甑皮岩遗址出土的一件尚比较原始，磨制不精，形体较小，两侧刃并不太锋利；而裴李岗遗址所出的一件则明显进步，不仅体形长而宽大，而且磨制精细，全不见琢剥痕迹，两侧刃与尖刃均很锋利，颇具杀伤力。由此可知，磨制石矛的出现还当更早，即要早于距今8000年以前的裴李岗文化和甑皮岩文化，是最早出现的一类专用武器。

最早的石匕首

匕在古代有两种含义：一是指用于取饭菜的勺子，二是指一种箭头。作为吃饭用的匕有多种，如饭匕、牲匕、疏匕和挑匕等，其中的牲匕、挑匕等并不作勺形，而是将其前端做成刀叉状，便于切割、叉挑肉类，很像今天的西餐用具。这类匕的起源甚早，其前身可追溯到旧石器时代的小型尖状器和中石器时代的骨梗石刃刀等。当时的人们以狩猎采集为主，叉挑、烧烤、切割兽肉乃惯常之事，带有尖刀状的匕便是应这种生活方式而产生的；而勺形匕则起源较晚，是随着粮食作物的大量生产而出现的。至于类似箭头的匕，最初与食肉之匕应是二而一的东西，只是称谓不同，这也说明最初的匕很像箭头或矛头。"匕首"即是指像这类匕的前端的武器。其名称确定或不会太早（至少早不过匕），但类似实物的出现却相当久远，目前的发现至少可早到距今7000年以前，如山东地区属于新石器时代早期的北辛文化中，就发现了多件石匕首，其中仅在滕县（今滕州市）北辛遗址中就出有4件（现藏山东滕州市博物馆），都是利用长条形砾石加工而成，刃部磨光，其他部分保留原石皮。其中一件（标本H507：4）在窄而扁的一端磨成刃部，另一端对穿1孔，长13.2厘米

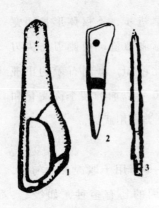

图32 石匕首与石刃骨匕首

（见图 32 中 1）。另外，在这一文化的大墩子遗址也采集到 1 件石匕首（时代略晚），通体磨制，器身扁薄修长，环形柄，一侧较直，尖部略起脊，十分精致（见图 32 中 2）。

至于形同匕首的骨梗石刃器，在内蒙古敖汉旗兴隆洼遗址中已有发现（见图 32 中 3），时代距今 7500 年左右。到仰韶文化阶段，各种形式的骨梗石刃匕首、石匕首和骨匕首等已相当多，并由此而向长体剑的方向发展。可见，最早的剑也是从匕首发展而来的，是匕首功用的进一步扩展。

北辛文化和兴隆洼文化可早到距今 7000 年以前，所发现的匕首已比较进步，说明还应有更早的形态。

最大的巨型石斧

作为最主要的砍伐工具，石斧几乎在所有的新石器时代遗址中都曾出土。石斧的种类既多，大小形态、加工方式亦有所差别。其中出土巨型石斧最多的是大溪文化。该文化主要分布于长江中游地区，延续时间约为公元前 4400～前 3300 年。巨型石斧常见于早期遗址或墓葬中，平面呈长方形或长梯形，器体宽厚，石质坚硬，长度均在 20 厘米以上。其中最大的一件出土于湖北宜都的红花套遗址，是我国目前发现的最大的一件石斧，现陈列于中国历史博物馆（见图 33）。

这件石斧平面略呈长方形，弧刃，两面均有细密的琢制痕迹，侧边和刃部经过磨光，形状规整，制作精美，长43.1厘米，顶宽14.5厘米，刃宽17.5厘米，厚4.7厘米，重7250克，被人们称为"石斧王"。如此巨大的石斧，单是将之举起已颇为费力，显然不太实用，它或许在当时就已被视为特殊之物，拥有这件石斧的人可能具有很高的军事权力和地位，正像后来的军事

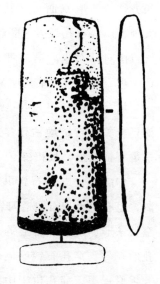

图33　红花套遗址
"石斧王"

首领们握有威严的石钺一样，是权力和地位的象征物。

最早的石钺

作为兵器的石钺是从石斧发展而来的，它们的装柄方式相同，主要用以砍劈。但从形态演变来看，钺的形体更接近于石铲。早期石钺的出现与石铲造型的发展和钻孔技术的进步是分不开的。在文献记载和考古报告中，斧、铲、钺的界线有时很难分清。这一点从早期仰韶文化石铲的发现可以得到很好的证明。

我们先来看一看河南淅川县下王冈仰韶文化遗址中石铲的发展序列。

仰韶文化一期石铲共发现14件，分别用青色火成岩或白色大理石磨制而成，器形多为上窄下宽的扁平

长方体，弧形双面刃。其形制分两种：第一种9件，大理石质，有孔弧刃，磨制较为精致，孔分大小两种，皆双面对钻而成。第二种5件，形体较大，无孔，不用大理石制，打制痕迹明显，制作粗糙。

从这一期已可看出，石铲已有精美和粗劣之分，而且精美的石铲均钻孔，并随其主人一同随葬，说明这类石铲已被另眼相待。

仰韶文化二期石铲共发现15件，主要用板岩磨制，也有用大理石和透闪岩磨制的，器形分宽长方形、窄长条形、扇形和舌形等。其中有穿孔的9件，无穿孔的6件。穿孔石铲磨制均很精细，分长条形、扇形和舌形三类。穿孔位于中部的3件石铲，装柄方式似与其他穿孔石铲不同。这3件石铲皆平顶，大圆弧刃，而且孔径明显较其他有孔石铲为大。特别是668号墓所出的1件，除顶部平整外，其他三边略呈圆形，中间一大孔尤为突出，与其他石铲明显不同，而与239号墓所出的1件比较接近。它们形体不大，长宽在6～10厘米之间，显然不适于挖掘泥土等，而更适于砍劈。因此，我们有理由认为，下王冈仰韶文化第二期的3件小型穿孔石铲，应是初期形态的石钺，至少668与239号墓所出土的2件为石钺当无疑问（见图34中1、2）。

陕西南郑县龙岗寺仰韶文化早期（半坡类型）遗址和墓葬中也出有类似的穿孔石斧与石铲。这里的石斧形态也以舌形和扇形最为精美，形态、大小与下王冈仰韶二期的穿孔小型石铲很接近，只是定名不同而

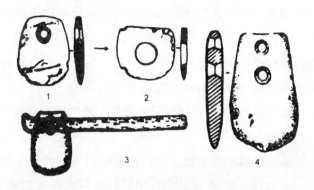

图 34 早期石钺及其复原示意图

已，其中以穿孔居中和双孔石斧为代表的一类石器，也应是石钺的祖型（见图 34 中 3、4）。

以上两处石钺的出现时间都在仰韶文化早期，距今约 6500 年，是我国石钺最早出现的地点之一。长江下游和山东地区，石钺的出现亦相当早，而且最早的彩绘石钺就是出在长江下游的安徽潜山县薛家岗遗址以及长江中游的湖北安乡县划城岗遗址。前者绝对年代（用碳 14 测定）距今约 5200～5000 年，后者时代略晚。所出土的石钺形制相近，均属于随葬品（见图 35）。

最早的石戚

提到戚，人们也许会想到一段悲壮的神话：黄帝杀掉蚩尤以后，又在常羊山将与他争夺宝座的一位巨人砍掉了脑袋，这位无名的巨人于是被称为"刑天"（"刑

图 35 最早的彩绘石钺

天"就是"砍掉头"的意思），他的脑袋即被埋在这座山上。无头的刑天愤怒之极，于是以其两乳做眼睛，以肚脐作嘴巴，仍旧左手持盾、右手执戚，在那里挥舞不息，以至晋代大诗人陶渊明赞叹说："刑天舞干戚，猛志固常在！"这里的干就是盾，戚则是类似钺的一种兵器。

戚的出现要晚于钺，可以说是石钺发展的一个分支。这两种兵器的形态十分接近，装柄方式亦相同，一般都是平顶、收腰、宽弧刃，中间部位穿一大孔。唯戚的两侧边多有对称的花边形扉棱，便于加固戚柄，有的戚还在刃部制作出规整的齿刃形。这种兵器数量不多，主要见于中原及山东地区，而且多用作礼器，是一种特化了的武器。

目前发现的早期石戚有两种形式，时代都在距今4000年以前，而且都属于山东龙山文化。第一种出于山东五莲县丹土遗址，为双孔石戚，戚的两侧边磨出不太规整的锯齿形扉牙，明显具有戚的原始形态（见图36中1）。第二种出于山东临朐县朱封遗址，很可能是大墓的随葬品，形体与第一种相似，唯在刃部特意磨出4个缺口，形成锐利的五齿夹刃形（见图36中2）。有趣的是，这两种戚在二里头文化时期合二为一，出现了既有扉牙、又有齿刃的"戚"

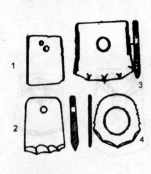

图36　早期石戚

或"璧戚"（像璧的圆形戚），其用料更为精良，制作更加考究（见图36中3、4）。同时，第一种戚的形态又有所发展，形体更长或更宽，甚至还出现了三孔玉戚。这种戚直到商代以后还经常出现，已主要用作礼器和祭祀用器。而齿形戚仅在商代之前昙花一现，商代以后很快消失。

此外，与早期石戚同时出现的还有一种象征性兵器（见图48），有人称之为"钺"，有人称之为"璋"，也有人称之为"戚"。著名考古学家夏鼐先生则以形取其名曰"刀形端刃器"。其穿孔部位均在扉牙或肩上部，形体窄长，腰部内收，刃口内凹且多偏于一侧，与后来的"璋"（尤其是"牙璋"）形体比较接近。这种"刀形端刃器"主要用玉料加工而成，一般没有使用痕迹，故可知是专用礼器或祭祀用品，很可能是"牙璋"的早期形态，而与"戚"应有所区别。这种"刀形端刃器"除在山东海阳司马台发现一件外，主要见于陕西神木县石峁遗址，数量达28件，时代属于距今4000年左右的陕西龙山文化（又称"客省庄二期文化"）。石峁遗址玉石器的出土，在陕西地区显得很特殊，而早期石戚之出于山东则是基本可以肯定的，如此说来，把"刀形端刃器（牙璋）"称为"戚"，显然不妥。

最大的石戈

戈是夏至战国时期最为流行的兵器之一，形似镰，横尖，侧刃，一般分为"援"和"内（音 nà）"两部分；援上常有"脊"，内上则有孔——"穿"，用皮条通过穿将长柄固定在戈的内部，用以横击、钩杀，故戈在兵器分类上属于"钩兵"。后来戈的援部又向下伸出"胡"和"穿"，内部也由直内变为曲内（见图37中1）。

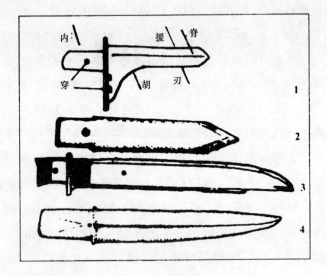

图37　巨型戈

戈的出现较戟要早。它是从新石器时代早期出现的石镰发展而来的，又由戈发展为上部出尖的戟。早期的戈主要是用石料制作的，后来出现了玉戈，商周时期则流行铜戈，战国以后又兴起了铁戈。

最早的戈起源于何时何地，目前尚不太确切。但在陕西神木县石峁龙山文化时期的墓葬中已出有相当精致的玉戈（见图37中2），说明戈的出现至少不晚于龙山时代（公元前2700～前2000年）。到夏商时期，石戈和玉戈已相当流行，其中多数精品已明显具有仪仗和礼器性质。尤其是商代中晚期，直内和曲内铜戈开始兴起，戈的形体进一步向长宽方向发展，最大和最长的戈都是在这一时期出现的。

目前称得上是"戈中之王"的戈有三件，其质料和制作工艺各不相同：一件是出土于湖北黄陂盘龙城李家嘴2号墓的大玉戈，时代相当于商代前期（二里冈期），通长达94厘米，援宽13.5厘米，直内，内前端有穿，用整块黄褐色玉料通体琢磨而成，色泽光润如脂（见图37中4）。其形体之大，可谓群戈之冠！另两件均出于殷墟妇好墓中。其中一件很独特，由玉援和铜内两部分组成，出土时玉援与铜内分开放置；玉援作长条状，下刃近平，上刃前端向下倾折，形成前锋，后端有圆穿一个，玉质淡绿色，有斑，通体抛光；铜内略呈长方形，有上、下阑，分前、后两段，前段顶端有一条竖直小槽，刚好可插入玉援，后段有圆穿一个，前、后段分别饰以饕餮纹，均镶有绿松石，但多已脱落。戈通长约56.9厘米，玉援长45厘米，铜内长11.6厘米（见图37中3）。如此精美的玉援铜内戈目前仅发现少数几件，此戈形体之长大在铜内戈中是无与伦比的。另一件为巨型石戈，形制与前述大玉戈基本相同，由硅质板岩磨制而成，援部呈黑色，内灰白色，已残缺，在援上有两条脊线，边刃薄而锋利，一面靠内处的边刃和中脊上分别刻有"三"形字样，内呈长方形，后缘雕有花边状小槽，槽前有与槽平行的横线，内前端有圆穿，残长51厘米，援宽11.1厘米，内厚0.6厘米。此戈若是完整的话，通常长度绝不在前一件玉援铜内戈之下，称之为石戈之冠当不为过。以上三件巨戈因体型太长、援刃又过于薄脆而不太实用，故应为仪仗礼器。

从商代以前所出土的各类铜、玉、石戈来看，直内戈仍占主导地位，但商代晚期的曲内铜戈已呈迅速增长的趋势。妇好墓的年代并未晚到商末（葬于武丁后期），"妇好"也并不是商代帝王，但该墓却随葬有惊人之多的铜、玉礼器和宝石器等，其造型之新颖、工艺之精湛，在夏、商乃至西周各代中可谓首屈一指。其中仅戈一项即有130件，直到西周时期也无出其右者。这一方面反映了当时的玉石开料与加工工艺已非常高超，另一方面也说明戈在当时的各类兵器中已占有十分重要的地位。

最早的石戟

戟是戈与矛的复合兵器。它既可以直刺，又可以横击，威力较戈、矛显然要大得多。时代最早的戟出现于新石器时代晚期。1985年，陕西省考古研究所在发掘长安县花园村西花楼子遗址时出土了一件石戟，属于客省庄二期文化（陕西龙山文化），为已知时代最早的戟，现存陕西省考古研究所。

此戟与后来的铜戟略异：戟身侧面呈柳叶形，下面偏上部位钻三孔，下部残断；戟刺为双面刃，扁薄锋利，偏下部横出戟柲（音bì）；柲亦为两面弧刃，近外端钻一孔。戟残长10.4厘米，柲长4.3厘米（见图38）。说明早在公元前2000年以前，戟这种钩刺式兵器便出现了，它是早期复合兵器的代表。

由以上诸例不难看出，至少在新石器时代晚期，武器的品种已相当齐全，其中相当多的石制武器造型被后来的青铜、铁制武器继承下来。

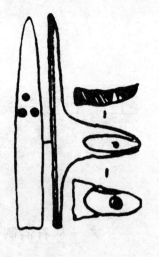

图 38 花楼子石戟

五 石制生活、加工用具的 发展特点

 从石器制作到人工取火——
人类的第一大发现

火对人类演化和推动生产力发展所起的巨大作用是显而易见的。人类到底何时学会人工取火，这在目前仍是个谜。就我国而言，"北京人"生活的年代（距今 70 万～20 万年），不仅能控制火，而且能管理火。他们在洞穴里可以使火经年不熄，以至在文化堆积中形成了厚达 6 米的灰烬层！较北京人更早的云南元谋猿人遗址中也发现大量炭屑，以及少量烧石、烧骨等，说明早在元谋人时期（距今 170 万年），我们的远古祖先已会用火。

从人类有意识地利用天然火，到能够控制和管理火，最后发明人工取火，延续时间是相当漫长的。第一个阶段是人类从惧怕火、躲避火（这是所有动物的共性），到逐渐认识火、利用火的阶段；第二个阶段是人类在用火的实践中逐渐掌握了火的特性，并充分利用火来与大自然作斗争的阶段；第三个阶段与前两个阶段已有质的不同，是人类在社会实践中发现了摩擦生火的自然现象，通过千万次的摸索、实践，不断总结经验，最后终于发明了人工取火的伟大过程。人工取火的成功，在很大程度上应归功于制作石器给人们带来的启示。正是由于燧石（俗称火石）、石英等矿物岩石的特性，人们在打制石器时会迸发出一连串的火花。随着石器制作的发达，打制、碰撞石料所带来的火花给人们留下了深刻印象，大大增强了人们企图保留、引燃这些火花的欲望。旧石器时代中晚期渔猎经济的迅速发展，人类向大自然的索取能力大大加强，生存环境的压力迫使人们不断迁徙，追逐野兽、水草而过着游居生活，这样就给人们保存和传递火种带来很大困难。而随着全球性的气候变冷（冰川期），以及火在取暖、照明、围猎和熟食等方面的普及，仅靠保存和传递天然火种已远远不能适应人们的生产和生活需要。因此，发明人工取火就成为社会的迫切要求。

正是因为当时的人类已离不开火，而天然火的保存和传递又没有保证，因此人们便积极探索发明火的方法。人们在打制石器时发现了石块之间因碰撞、摩擦而出现火花的现象；在加工木器时发现干燥的木块经长时间摩擦会发热，甚至会冒出烟来；而松软的绒毛、细草等，借助于微弱的火星，也会渐渐阴燃起来。这样，人们不断试验，不断总结，经过长期的努力，终于利用将铁矿石（黄铁矿或赤铁矿等）与火石（燧石）相击的方法，借助于易燃物而成功地燃起了第一

图39 击石取火示意图

堆篝火。这一方法也是人类最早发明的取火方法（见图39）。直到近代，我国不少地方仍用这类方法来取火，以致后来用铈（音 shì）、镧（音 lán）、铁制成的取火工具，仍以"火石"命名之。

随着新石器时代磨制石器和钻孔技术的出现，人类又发明了摩擦、撞压和锯木等取火方法。这些方法在古代文献中也有不少记载。如《太平御览》第869卷引《河图挺辅》"伏羲禅于伯牛，错木取火"；《韩非子·五蠹》"燧人氏，钻木取火，以化腥臊"；《庄子·外物》"木与木相摩则然（燃）"，等等。至于这方面的民族学资料，在世界许多地区都有发现，成为探讨远古人类发明取火技术的活化石。下面就我国民族学资料略举两例。

击石取火

这方面的民族学资料最多，多以历史传说或故事的形式保存下来。如苗族、瑶族、蒙古族和鄂伦春族等，都保留了不少关于用铁矿石同燧石相击而取火的历史资料。与鄂伦春人毗邻的鄂温克人，相传其祖先就是"用两块石头击打出火星，用桦皮纤维引火"的。桦皮油性大，遇火易燃，至今鄂温克、鄂伦春人还用其引火。四川木里的普米族，利用一块赤铁矿石和白色火石（燧石）相击取火。取火时先把火草放于火石之上；由于火石相击所产生的火星太弱，不易把火草引燃，故又须在火草上放些炭末，待火草烤焦，这样火星才容易引燃火草。而云南的苦聪人则"用一种'黄石头'（黄铁矿）击石取火，以芭蕉根晒干作引火物"。

佤族的摩擦取火

云南佤族的取火工具主要是用一根木棒，将一端劈成十字形，裂口处各加一块木楔，便于通风、干燥和取火时存放艾绒以供引燃。此外，在裂口的一侧砍一横槽；取火时将木棒横放在地，裂口一端垫起，横槽向下。这时取火者把木棒踩住，拿一根藤或竹条，从木棒下的横槽处绕过来，双手分别捏住藤条，一上一下地进行交互摩擦，因热而产生火星，将艾绒引燃，从而取出火来。

人工取火使原始人类掌握了一种强大的自然力，这在人类社会发展史上具有重大意义：首先，人工取火的发明，使人类扩大和推广熟食生活更有了保证，从而大大缩短了消化过程，减少了疾病，增强了体质，促进了大脑的发展，延长了寿命，同时也扩大了食物来源和种类（尤其是鱼类），使人类逐渐脱离了"茹毛饮血"的时代。其次，人工取火的发明使火成为一种重要的生产手段。它不仅用于狩猎、驱逐野兽和加工木器等，更重要的是成为后来原始农业的主要"生产力"之一，即利用火来开辟新的耕地和居住区，并把草木灰用作谷物生长的有机肥料，从而出现了在原始社会中占有相当长时期的"刀耕火种"阶段。此外，人工取火的发明也使人类进一步征服了漫长的黑夜和严寒，扩大了生活领域，增强了抵御自然灾害的能力，改善了人类的居住条件和生存环境。

至于火在后来的制陶、冶金、酿酒等方面的重大作用更是不言而喻了。因此，恩格斯在评价摩擦取火（人工取火的主要方式）的重大意义时说道："就世界性的解放作用而言，摩擦生火还是超过了蒸汽机，因为摩擦生火第一次使人支配了一种自然力，从而最终把人同动物界分开。"

水与火的使者——"石烹法"的发明

人类追求火的最大欲望之一就是熟肉等食物的巨大诱惑。正是因为人类学会了用火，习惯了熟食生活，才最终结束了"茹毛饮血"的时代。那么，人类最初除用火烧烤食物之外，是怎样学会煮熟食物的呢？

民族学家在对大量民族学资料进行实地考察的基础上给我们提供了很有启发性的活史料——投石煮肉的"石烹法"，即先在木制或树皮器皿里盛上水和生肉等食物，接着把一些烧红的炽热石块投入水中，使水沸腾，从而把食物煮熟。这种熟食方式在许多少数民族中都曾流行过。文献中就记载东北地区过去曾有"熟物剞木贮水，灼小石淬水中数十次，瀹而食之"的习俗。鄂伦春族除以桦皮桶进行石烹法以外，还把肉和水盛在鹿或犴（音 àn）的胃里，然后利用树枝支架把胃吊在篝火上，由于火烤使胃里的水沸腾而胃不焦，从而达到把肉煮熟的目的（见图40）。

图40　鄂伦春人的石烹法

云南傣族的石烹法则别具一格。他们在剽牛仪式中刺死牛以后，就在地上挖一大坑，将牛皮垫在坑里，盛足水，放好肉，接着把许多烧红的石块迅速投到水里，将牛肉煮熟。之后，巫师先把牛肉献给"勐"（音mēng，即部落神），然后大家共食。这是原始的石烹法在宗教仪式中的保留。

另外，川滇之间的纳西族和普米族大量使用木家具和独木舟。把树干挖空以制作器具是他们的拿手技术。过去他们也利用木桶实行石烹法。直到现代还用这种方法来温水洗澡等。温水时先在一个大型独木舟式的水缸里盛上许多水，然后往里边丢炽热的石块，待水热以后，将石块捞出来，就可在木水缸里洗澡了。

从各种类似的民族学资料中不难看出，投石煮肉式的石烹法，是人类最早掌握的煮食方法，是继用火烧烤食物之后的又一大发明。而最初人们是偶然将食物煮熟的。不难想象，当人们在河边或洞穴内燃起火堆时，其下的石块会被烧得非常炽热乃至烧红，一旦雨水或烧烤动物的血滴在上面，便会冒出炽热的白烟。而当这些石块因搅动火堆而滚落到河边的小水坑或洞内的滴水坑中时，便会把水烫热乃至煮沸，水坑中偶尔有条小鱼或水虫之类的，便会因此而被烫死乃至煮熟。当时的人是无所不食的，捡到小鱼或小虫吃起来发现与烧烤后一样香，于是便发现了用水可以煮熟食物的现象，从而逐渐学会了投石煮肉的技能。

此外，人类发现水可以煮熟食物的另一重要原因，可能是突然间的火山爆发或森林大火等。炽热的岩浆或森林大火的烈焰、灰烬等也会把附近的小河或小水坑中的鱼类等烫死、煮熟，之后，当人类赶来捡拾烧死的动物时，也会到水里捞取被烫死或煮熟的鱼类，从而发现热水可以煮熟食物的秘密，又经过一段时间的摸索，发现烧热的石块是使水变热的最好材料，于是发明了投石煮肉的新方法。

要投石煮肉必须要有盛水的器具。最早的盛水"器具"就是天然形成的水坑。后来人们发现大块岩石上的凹坑既不像河边的水坑那样容易渗水，又可以很快将坑中的水烫沸，于是便用这种坑当"锅"，来煮熟食物。这类坑无论是在岩洞中，还是在山坡上，都容易找到，可以说是人类最早使用的"石锅"。在云南的独龙族、纳西族地区，过去就有一种圆盘形石板，当地人烤饼时，将石板架在火塘之上，于其上烙饼，称为石锅。这应是早期石锅的进一步发展。

随着经验的积累和认识能力的提高，人类在利用天然石锅的同时，又逐渐学会了利用挖空的树干、大型果实的外壳（如葫芦之类）、树皮、兽皮、兽胃乃至头盖骨等当做投石煮肉的器皿。后来还发现兽皮、兽胃等也可以盛水后直接架在火上烧煮，成为与陶器并行的另一类炊煮用具（游牧民族应用很普遍）。

石烹法的发明不仅大大改善了人类的进食方式，减少了细菌、病毒等对人体的侵害，更重要的是人类由此发现了热能的转化规律，把水和火有机地结合起来。尽管这种认识是初步的、简单的，但却是人类意识发展的一次飞跃。

3　石灯小史

自人类学会用火之后，它的一个重要作用就是用来驱除寒冷和照明。最早的灯便是由照明的篝火发展而来。专用于照明的灯出现相当早。西方在旧石器时代晚期便发现有利用空心石头制作的石灯，内置苔藓等物浸油而燃，但在新石器时代以前，用以照明的主要还是篝火与火把。新石器时代早期出现的陶豆、陶钵等也有可能用以照明，用陶豆作灯应与动物或植物油的利用有关。我国真正的灯的出现一般认为大约要到夏商以后。

目前所知时代最早的一件石灯是在新疆哈密五堡古墓群中发现的，时代约当西周或略晚。陶灯或铜灯在春秋、战国时期已比较常见，石灯的普遍出现则应在秦代以后。早期石灯均呈陶豆形，形式简单，制作古朴，多用于下层士民或作为随葬明器，与华贵精巧的铜灯相比远为逊色。到西汉晚期，石灯与铜灯、铁灯、陶灯一样，种类明显增加，制作手法娴熟，造型趋于别致，如东汉时期所出现的龟形石灯、雁足石灯、天禄擎灯、连盏石灯，等等。其中淮阳1号汉墓所出土的天禄擎灯非常新颖。这件石灯系用整块青石料雕刻而成，灯下部有一圆台形底座，上雕一天禄。天禄昂首睁目，头生双角，狮鼻大口，颏下垂长须，肩生双翼，长尾卷曲，四肢蓄势欲起，作奋力承托状。天禄背承灯柱，柱顶出四斗拱，上托圆形灯盘。盘内为直径9厘米、深3厘米的灯盏，盏内刻放射状线条。灯盘外及灯柱阴刻卷云纹、波折纹等。灯座直径22厘米，灯体通高46厘米（见图41）。此灯整体设计精巧，动物造型栩栩如生，兼实用性和艺术性于一体，是灯具史上不可多得的艺术精品。

另外，在北齐王陵墓中出土的彩绘石灯也很有特点。其中一墓出有4件，每件高达53厘米以上，灯盏作圆钵状，八棱体灯柱，下连圆形灯台和方形底座，灯台用红彩绘制出覆莲图案，通体显得挺拔修长，风格一新（见图42）。

图41 天禄承盘石灯

唐代以后，一些户外石灯常有高大基座和防风外罩。灯座多精雕细刻。灯室多雕成亭台楼阁状。其中又以寺庙的长明灯、供养灯和大型陵墓前的神道灯最为典型。如现存于河北曲阳县北岳庙中的唐代石塔灯。此灯通高 3.2 米，由基座、盘龙柱、托盘、灯室及其塔顶组成。基座为方形基石上置重层覆莲座。基石前后侧均刻有铭文。铭文所载纪年为唐武则天延载元年（694 年）。基座之上置盘龙柱，云龙交蟠，二龙缠柱上升。柱上为一八角形托盘，边长 40 厘米。托盘之上为一圆形仰莲座，上承灯室台基，台基亦为八角形。灯室为四角攒尖顶小屋，前后设门，两侧开窗。石灯保存较好，是现存唐代石灯中时间较早的一个。

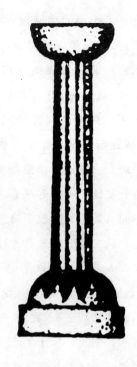

图 42　彩绘石灯

　　北宋以后，瓷灯大量出现，陶灯、铁灯迅速减少。除日常用的石灯以外，在航海中还建有石塔灯，并一直延续到近代。

最早的石床与石坐榻

　　床与榻同为室内起居用具，但床的功能主要在于卧息，而榻的功能则主要用于坐。汉服虔《通俗文》云：“床三尺五曰榻，八尺曰床”。汉刘熙《释名·释床帐》谓“长狭而卑曰榻，言其体榻（塌）然近地也”。就是说比床显得窄长而矮小者称为榻。矮榻如同席子，在榻上或跪坐（踞蹂），或盘坐，或“箕踞”（两腿向前平伸，坐形如箕状），其上还可放置凭几、手炉、书卷等。榻前则多置食案或书几，主要用于会客、宴饮、办公等场合，与专用于睡卧的床显然有所不同（后者只可放于卧室中）。

从文献记载来看，石床与石榻的出现不晚于战国。据晋人葛洪《西京杂记》所载，西汉广川王刘去疾发“魏襄王冢，皆以文（纹）石为椁……中有石床、石屏风，婉然周正”。发魏“哀王冢，初至一户，无扃钥。石床方四尺，床上有石几，左右各三人立侍，皆武冠带剑……复入一户，亦石扉，开钥，得石床，方七尺，石屏风、铜帐钩一具，或在床上，或在床下……石枕一枚……床左右石妇人各二十”。发“魏王子且渠冢，甚浅狭，无棺，但有石床，广六尺，长一丈，（床侧）石屏风，床下悉是云母。床上两尸，一男一女”。从上述记载不难发现，魏哀王墓的前一件“石床”当为独坐榻无疑。此榻上置凭几，其大小尺寸亦与服虔《通俗文》所记十分接近。哀王墓的另一具石床方七尺，有帐、有屏、有枕，且以妇人相侍，显然应为卧床。魏王子且渠墓中的石床、石屏风用途亦与哀王墓的卧床相同。至于魏襄王墓的“石床、石屏风”，虽未言及床之大小，但云“婉然周正”，又云“床上有玉唾壶一

98

枚，铜剑二枚，金玉杂具"，说明此床与卧床还是有区别的，它很可能是一件设屏坐榻，是魏王接见群臣时的专用坐具（其制参见《周礼·天官·掌次》）。上述三墓皆属战国时期。这种墓中随葬石床榻的习俗到汉代进一步流行，尤其是北方地区更是如此。如 20 世纪 60 年代出土于河南郸城县竹凯店一座西汉砖室墓中的石坐榻，系用青色石灰岩雕刻而成，平面呈长方形，四角有曲尺状足，长 87.5 厘米、宽 72 厘米、高 19 厘米，榻面刻有隶书一行："汉故博士常山大（太）傅王君坐橧（榻）。"《说文》中无"橧"字，《广韵·盍部》云："榻，床也，吐盍切。橧，同上。"是"橧"即榻。此榻形制在东汉画像石中亦多有发现，漆、木质实物也屡有出土，是当时比较流行的小型坐具。此榻之大小与《通俗文》所记榻之尺寸相当接近（当时的三尺五约合现在 84 厘米），而且其自身亦曰"橧（榻）"，从而为研究秦汉时期床榻类家具的形制区别和定名等提供了宝贵资料。

 ## 石磨的身世

　　石磨是人们都很熟悉的粮食加工工具，主要用以碾碎粮食与脱壳去皮。它在中国起源很早，是随着采集经济的高度发展与原始农业的兴起而出现的。在旧石器时代晚期的山西下川文化中便出现了为去掉植物种子的外皮而制作的最原始的研磨盘，只是其形状不太规整，多是利用自然面较平整的小型砾石与石块，还称不上真正意义的石磨。

新石器时代早期，随着原始农业的产生与发展，出现了形制较为固定的石磨盘与石磨棒。中国北方地区的新石器时代早期文化中，石磨盘与石磨棒已比较常见，如磁山文化（河北）、裴李岗文化（河南）、老官台文化（陕西）和后李文化（山东）等。在稍后的新石器时代文化中，石磨盘、石磨棒的分布已遍布黄河、长江流域，向北甚至扩展到内蒙古南部地区。形制上差别不大，磨盘多呈椭圆形或长条形盘状，下面有的附足，磨面多经琢磨；磨棒多呈圆形或椭圆形短柱体，有的一面较平。另外也常见扁圆形的磨饼，用法与磨棒类似。这种形式一直延续到夏商以后，部分地区直到秦代还在使用。中原地区夏商时期的石磨盘、石磨棒不如史前时期流行，但同种功用的杵、臼、磨石等则发现较多，说明粮食加工工具的种类已趋于多样化。

秦代是我国粮食加工史上的重要变革时期。这时出现了新型的转动石磨，即采用轴承原理，手工转动上盘以碾磨粮食，其磨齿的分布已比较有规律，但还带有琢制磨盘的痕迹。其前身即为石磨盘和石磨饼。最初的磨盘上下两扇并非都是圆形，一般上小下大，磨面琢制成坑窝形齿，使用时手工推拉转动。至迟在秦代早期便已出现了上下相合的圆形石磨，在河北邯郸市区古赵城石器作坊遗址中出土的石磨，时代甚至有可能早到战国晚期。

至西汉初，石磨已迅速普及，其模型也陆续见于墓葬中，形体一般较小。凿成坑窝形齿的石磨已基本不见，沟槽形齿的石磨得到进一步发展，同时也出现了畜力拉磨的早期实例。如河北满城中山靖王刘胜夫妇墓（葬于公元前 154 年）出土的一套石磨，形态与现代石磨已比较接近，磨下还有承接粮食的铜漏斗，磨旁则有一具拉磨牲畜的遗骸。这是利用畜力加工粮食的最早实物证据。西汉中期以后，石磨的形体逐渐加大，上扇顶部普遍出现了以横梁隔开的半月形粮食漏斗。磨齿除放射状槽形齿之外，还出现了纵横交错的斜齿组合，加工效率明显提高，并沿用至今。

东汉时期则发明了"水礤（磨）"、"水碓"等，并有了以畜力拉磨为职业的加工作坊。石磨多设置圆形石台，以承接磨出的粮食粉糊。石台周边高起，台下多附三足。同时，较杵、臼更为先进的"地碓"、"双人捣碓"和"碨（音 guō）碾"等加工工具也推广开来。三国两晋南北朝时期又创造了"连磨"和"水碓"，利用畜力、水力带动轮轴加工粮食，大大提高了生产效率。

隋唐以后，除继承两汉以来的石磨形态外，还出现了"滚动石碾"、"转盘石碾"等新型粮食加工工具。石磨形体加大，磨盘加厚，制作更加精细合理，分布范围也遍及中国南北各地。直到明清以后，石磨、石碾、石臼等仍是中国粮食加工的主要工具。

由此可见，石磨经历了战国以前的原始形态和秦以后的发展形态，由分体发展为合体，由人工手动发展为畜力、水力、机械牵动。其逐步改进为秦以后北方地区广泛流行的面食和豆制品（尤其是豆腐）加工等中国传统食品工艺的发展提供了必要条件，在中国粮食加工史上起着十分重要的作用。

下面我们通过几处典型实例来对石磨的发展史略作说明。

裴李岗文化石磨盘和石磨棒

裴李岗文化是八千多年前分布于河南地区的一支新石器时代早期文化。石磨盘和石磨棒是该文化最典型的粮食加工工具，主要用于谷物等脱壳去皮，一般常出土于墓葬和窖穴中，数量较多。

石磨盘、石磨棒多用砂岩琢制而成，加工相当精致。石磨盘可分两大类：一类平面呈椭圆形或前宽后窄的鞋底形，下有四乳状足或柱足，为该文化所独有；另一类平面呈椭圆形或两头尖形，无足。其制法是先将磨盘底部凿平或凿出四足，再将盘面凿下两厘米左右，然后略加磨制而成，成品一般中部较两端下凹，或前低后高（见图43）。石磨棒多呈圆柱形或扁柱形

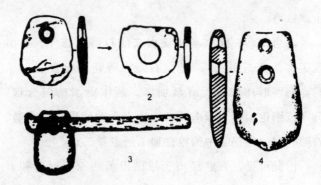

图43 裴李岗文化石磨盘、棒

棒状，有的一面较平，一般与石磨盘同出。使用时即用磨棒在磨盘上碾磨粮食，对植物种子去皮或磨碎加工。

秦都栎阳遗址石磨

如果说石磨盘和石磨棒还算不上真正意义的"石磨"，那么，陕西秦故都栎阳城遗址出土的圆形合体转动石磨，则无疑是现代石磨的鼻祖。此扇石磨是20世纪60年代由陕西省文物管理委员会调查发现的，现存陕西省博物馆。

石磨仅存下扇，由颗粒状砂岩琢制而成，呈灰白色，杂有黑红斑块。砂粒胶结度很高，十分坚硬，非常适于磨碎粮食。磨扇平面呈圆形，中部微鼓起，较边沿高2.45厘米，直径55.5厘米，厚8厘米。磨中心有3厘米见方的竖孔，中置铁芯，芯的凸出部分已残缺。铁芯周围10厘米处光素无齿，其余部分均凿有枣核形小窠为齿，共7排。齿长2.5厘米，最宽处2厘米。边沿齿成三角形，缺口向外，便于粉糊流出。整个磨齿的排列自内向外递增，最内一排38齿，第2至4排依次为46、51、60齿，各齿相互顶直，排列整齐。自第5排起则变为交错排列，各为60齿。这种规则的排列方式既便于磨盘转动，又可迅速均匀地将粮食磨碎成粉，是粮食加工史上的一项重要发明（见图44）。

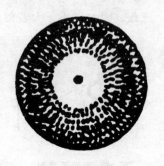

图44　栎阳石磨

该磨的使用时间至少不晚于秦代，有可能早到战国晚期。这种琢齿方式在西汉初期又有所发展，出现了放射状槽形齿，加工效率明显提高。同类石磨在陕西临潼郑庄秦石料加工场遗址中也有出土，是中国早期合体石磨的代表。它们的结构、形态和使用方式开启了以后历代石磨的先河。

结构新颖的手摇推拉石磨

1982年，山西大同市博物馆在清理该市南郊的一处北魏时期窖藏时，与鎏金铜器一同出土的还有两件结构不同的石磨盘。它们显然是被作为重要财产而与铜器一同埋藏的。

两件石磨盘分属于两套石磨：一件为手摇磨盘，仅存上扇，直径30.5厘米，厚约6厘米，以灰白色砂岩凿刻而成，由盛粮食凹槽、漏孔、摇把安装孔等组成，下面凿出交错车辐状磨齿。另一件为推拉磨盘，也仅存上扇，直径86厘米，厚约9.5厘米，灰白色砂岩雕刻而成，磨盘中部突出一台形盛粮食凹槽，凹槽中间有一道隔梁，隔梁两侧各有一漏孔。磨盘边缘有三孔，两大一小，大者似为推拉杆固定孔。下面亦凿出交错车辐状磨齿（见图45）。

图45 推拉石磨复原示意图

从这两件磨盘的形制看，前一件明显继承了东汉石磨的传统，唯形制结构更趋于合理，形体有所加大。后一件为推拉磨盘，结构新颖，形体较大，使用效率明显提高，说明这时的石磨较西汉、东汉时期又有所改进。

别具特色的滑石器

滑石是一种软质矿石，成分为含水的硅酸镁。其色有白、浅绿、浅黄之分，脂肪光泽，用手触摸时有润滑感觉。它在新石器时代早期阶段便为人们所利用，距今6000年左右的辽宁东港市后洼遗址中出土了许多雕刻精美的滑石虎头形、人形、鸟形、鱼形、蝉形和虫形等工艺品，表明当时的人们已认识到滑石在雕刻成形方面的优越性。

到秦汉时期，滑石已被广泛用于制作随葬明器。这一风俗在江南地区尤为盛行，主要是仿制铜器、陶器和玉器，部分则模拟家畜、家禽俑，是厚葬习俗在中下层士民中的直接反映，所制作的滑石明器既省工省料，又精巧别致。下面我们以湖南长沙阿弥岭及安徽芜湖贺家园两处西汉墓地所出土的滑石器为例来略加说明。

阿弥岭西汉墓位于湖南长沙市东郊，1974年由湖南省博物馆等单位发掘。其中7号墓出土了8件滑石器，时代属于西汉晚期。滑石器均呈乳白色，器形有灶屋、井、仓、鼎、釜、磨、甑和镜等（见图46）。灶屋呈长方形，由盖和屋两部分组成，盖顶四注式，四脊突起，每面均有直棱，似为瓦楞。屋正面敞开，对面灶壁外有两个兽头形烟囱，内壁下置一灶台，台

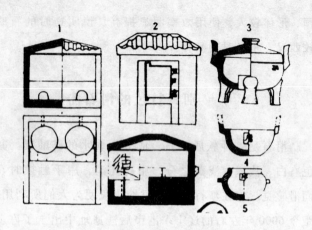

图46 阿弥岭西汉墓滑石器

上一甑一釜，灶座下有两个拱形灶门，灶屋一侧壁上设有一方形孔，孔内有一活动的滑石板，外面刻一"造"字，另一侧壁墙上刻"造屋"二字。灶台上置的甑和釜，分别在腹部刻"甑"和"釜"字，釜盖上刻有"温盖"二字。其他模型也均刻有铭文，如井壁上刻"井"字，仓壁刻"万石仓"字，鼎腹刻有"鼎"字，磨腹刻有"磨"字，石镜座外刻有一周铭文，内容为"万岁千秋，□□□母"八字。说明死者为一妇女，滑石器是其子为之随葬的明器。这批滑石器形体小巧玲珑，制作风格一致，在南方地区具有一定的代表性。

贺家园位于安徽芜湖市鸠江镇，1981年基建时发现三座西汉木椁墓，其中1号、3号墓均出有滑石器。1号墓共出滑石器达28件，器形有鼎、壶、钫、罐、釜、甑、𠤷（音yān）、洗、盆、碗、耳杯等十多种，表面均磨制光滑，色白泛青。其中大部分器形与实用器相差无几，造型、大小、结构等力求一致，有的通高达 48 厘米，明显代表了早期滑石模型器的特点（晚期模型器普遍形体较小，有的仅是外形相似，已完全明器化）。

以上两处滑石模型器分处于长江中下游南部，所出器类都很典型，虽相距甚远，但特点却比较一致，并一直影响到魏晋以后，成为江南地区埋葬习俗的一大特色。

六 古代宗教与科学文化方面的石器

 最早的男性崇拜物——石祖

生存与繁衍是人类乃至整个动物界的历史使命。生存是繁衍的基本保证，而繁衍则是生存的继续和发展。人类很早便对这两个方面由渴求、神往，到顶礼膜拜。人们逐渐认识到新的生命不只是由女性带来的，还必须有男性的配合，于是，在祈求生育的生殖崇拜中，由单一地祭祀女性、女阴，过渡为对女阴和男根（男性生殖器）的双重崇拜。特别是新石器时代中期以后，随着生产的迅速发展，财富积累越来越多，为掠夺财富而进行的战争亦越加频繁，对劳动力的需求更为急切。这样，男性的生理优势和社会作用便进一步体现出来，从而导致母权社会的根本衰落，以威猛的父权为标志的父系社会进一步得到巩固，并出现了为祈求生男而进行的各种男根崇拜活动。

目前发现的时代最早的一件男性崇拜物出土于河南舞阳贾湖遗址的裴李岗文化墓葬中（时代距今 8000

年左右），原报告称之为"柄形饰"。这件"柄形饰"系用石料雕刻而成，上端呈扁圆形蘑菇状，顶面刻有一行符号；柄呈柱形，柄下部有两周竹节状突起，残长7.6厘米（见图47中1）。耐人寻味的是，此器出土时位于死者的阴部，同出的还有獐牙器和折肩陶壶。死者经鉴定是一老年女性。这就不难看出，死者很有可能是一位有威望的母系家长或巫师，这件"柄形饰"很可能与妇女祈求生育有关，其上的刻符或即具有祭祀灵验的用意。这与后来的商代占卜以及近现代一些原始民族的生殖崇拜方式是相通的。因此，我们有理由认为，这件"柄形饰"，实际上就是我国最早出现的男性崇拜物——石祖（石制的男性生殖器形象）。此外，该遗址墓葬中出土的刻符龟甲和獐牙器等，也充分说明当时的人们已十分崇拜各种灵物。而作为主要崇拜方式的生殖崇拜及其标志物——出于女性墓中的石祖，当与史实不悖。

　　至于有些学者将这时流行的圜底钵、大口罐，及

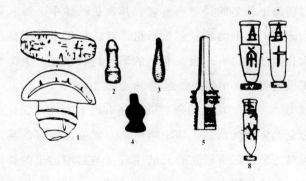

图47　石祖与陶祖

后来的匜（音 yí）、盆、斝（音 jiǎ）、鬲等"袋足"和"弧腹"的陶、铜器统统称之为"女阴的象征"，而把这时流行的折肩壶及后来的尖底器、花边器、折腹器和大陶缸等统统称之为"男根的象征"，并分别冠之以"袋足、弧腹"和"折腹、圜底"定理，未免过于牵强附会和缺乏具体分析。不过，有一点我们认为是合理的，即古代流行的祖先崇拜，应来源于生殖崇拜，甲骨文中的"祖"字即写作"且"等，其形如图47 中 2 所示，可以说是石祖和陶祖的象形。祖先崇拜是祈求祖先的保佑、免除灾祸及恩泽后世等，这与生殖崇拜的本意是一致的，都是为了更好地生存与繁衍。因此，石祖和陶祖等在父权制时代被作为祖先的象征物也是很自然的。只是它与单纯意义的生殖崇拜有所不同，特别是夏商以后，祖先崇拜与礼仪制度结合在一起，具有了等级差别和权力象征意义，其原始性质已发生了根本变化。

石祖和陶祖的流行时期当在新石器时代中期以后，目前出土最多的是黄河流域，其次是长江中下游和华南地区。陶祖的数量多于石祖，浙江杭州水田畈良渚文化遗址还出有木祖。它们的形体比较接近，大部分都模仿男性生殖器的勃起状态（见图47 中 2～3）。与这类"灵物"功能相通的或许还有山东大汶口文化中常见的獐牙钩形器，辽宁喀喇沁左翼蒙古族自治县东山嘴方形祭坛中竖立的长条柱石（与周围出土的裸体孕妇小雕像等相对应），长江下游良渚文化中的玉琮和璧，以及湖北屈家岭文化中出土的大量陶管形器等。

除喀左东山嘴的资料尚无人提出此意之外，其他几类均有所论述，而且均属于祭祀用品或法器。

我们认为，单纯作为生殖崇拜而祭祀的石祖或陶祖等，一般应有其对应物——象征女阴或生育形象的东西，至少在祭祀时应当是这样。这一点从民族学资料和有关文献中亦可以找到充分的根据。由此我们可以作出如下推测：

大汶口文化的獐牙钩形器本身，已是抽象化了的生殖崇拜物，并赋予了法器或权杖的象征含义。它与象牙骨雕筒等可能是相对应的男权与女权祭拜物，并具有辟邪和权力象征的作用。

喀左东山嘴是一处典型的祭祀遗址，其中最突出的两项应是生殖崇拜和祖先崇拜。这里的圆形祭坛中有大量平铺的河卵石，而方形祭坛中则有成组的长条状或锥状立石，尤其在圆形祭坛周围还发现了成群的裸体孕妇小雕（塑）像。这就给我们一个重要启示：圆形祭坛也许就是祭祀生育之神或地母的地方，其中的大量河卵石或许表示多子多孙的意思，所出土的大大小小的孕妇形象，正是这种祈求的目标所在；而方形祭坛或即是祭祀祖先的地方，其中的一组组长条立石，或许是他们的一个个勇敢的祖先标志，这就如同后来的宗庙中的一个个祖先灵牌。由此我们还想到了夏代二里头遗址和商代殷墟遗址等所出土的大量玉、石柄形器（见图47中6~8）。它们的形象与出土的陶、石祖以及后世的灵牌都很接近，特别是其中一些还刻有"祖×"、"父×"等，更进一步证明了它们的含意。其前身无疑就是石祖和陶祖，是祖先的标志物。东山嘴祭坛遗址的发现，在国内外引起了很大反响，它对于研究原始宗教文化的发展和我国早期文明的起源，都有着特殊意义。

有关良渚文化琮和璧的含义，一直众说纷纭。仅在琮的含义上就至少有八说：一是认为其代表女性、阴性，成为祭地的"礼器"，是"女性贵族的权标"；二是认为"琮为宗庙里盛'且'（即以男性生殖器象征祖先）的石函"；三是认为"琮的方、圆表示天和地，中间的穿孔表示天地之间的沟通"，从而认为它是巫师通神的工具；四是认为琮为家庙或家屋中的"中霤（音 liú）"，即香火升天的烟筒象征，为家祭中的对象；五是认为琮当为织机上提综翻交者；六是认为琮在典礼中套于圆形木柱（图腾柱）的上端，用作神祇或祖先的象征；七是认为琮为部族旌旗杆末端的装饰物——旄柄；八是认为琮即"总"，是神仙食品的总体象征。可见在琮的解释上仁者见仁，智者见智。但总的来看，将琮的用意解释为与祭祀和祖先崇拜有关的东西已为多数学者所接受，其中前三说与第六说的可靠性似乎要大一些。而对于璧，比较流行的观点，一是认为璧代表着男性、阳性，为祭天的礼器；二是认为璧本由石、玉环发展而来，它首先用作装饰品，后又成为代表身份、地位的标志物（礼器）。这两种观点都有一定的依据，但又都不能自圆其说。其主要原因在于只看到璧的一个方面，而忽略了璧的其他含义。我们认为，璧的含义在不同的历史阶段是有较大区别的。其最初用作装饰品的含义应是不谬的，到新石器时代晚期，璧的含义发生了根本性变化，成为祭祖和祭天的高贵食品。尤其是周人以后的"天人合一"思想，把天和"祖"逐渐看做是一个东西，由祭祖用璧，到祭天用璧，于是形成了"以苍璧礼天，以黄琮礼地"（《周礼·春官·大宗伯》）的祭祀制度。其用意仍在于获得神祇的保佑，企图以最上等的神品礼遇天地之神，是古人以玉礼神思想的集中体现。这里我们不妨引用臧振同志的观点。他在《玉琮功能刍议》一文中认为玉琮和玉璧实际上都是祭神食品，玉琮为其总，玉璧为其分。玉琮象征整猪或猪头等，玉璧则象征大肉片。他的这一观点对我们很有启发，但我们认为他只是说到了古人使用琮和璧的象征形式，并没有深入到古人为何要采取这种形式，以及他们祭神的用意是什么。事实上，琮在祭祀中仍具有通天地之意，同时它还具有通祖先之意。后者的出现当更为原始。琮的外形描绘出不同的层次，也即不同的境界，像是人与祖先或天地间的桥梁。所祭之祖先或神祇来享用时，就将其形象（祖或天神的图腾柱）插入圆孔中，这就是"祖"或"主"（神），也就是祭祀对象。因此，祭祀时，琮的孔中似应插有象征性的东西，或为与璧有关的祭天之物（良渚"神徽"腰部的圆物，应是其专用品——璧一类的东西），或为玉祖、石祖（祭祖），或为仙草、农作物等（祭地）。其作为祭祖的用意大概不是独立的。

至于屈家岭文化的陶管状器（见图47中5），张绪球同志在《长江中游新石器时代文化概论》一书中已明确指出是陶祖的代用品，并认为其用意已象征着祖先崇拜。我们可将之与辽宁喀左东山嘴祭祀遗址相比较：东山嘴的方形祭坛虽不见于屈家岭文化，但后者有较为集中的火堆及与之相关的平行套接的陶缸。它们的功用有可能是一致的，即规定了比较固定的祭祀场所。东山嘴方形祭坛中成组的条形立石，与屈家岭文化的陶管状器可能是一类东西，即都是祖先的象征物。另外，与屈家岭文化的乳钉管形器十分接近的"镂孔瓶形器"在东山嘴遗址也有发现（见图47中4），而且两地都发现了较多的无底器，如东山嘴出有无底钵形器、无底筒形器，屈家岭文化则出有粗管形器和嵌套的成排陶缸等。说明这些都是与"祖"相配套的东西，其用于祭祀的功能是显而易见的，目的无外乎乞求祖先降福免灾，保佑部族繁衍兴旺。这与后世的宗庙是一脉相通的，只不过祭祀场所由露天转为室内，祭祀对象也由石祖、陶祖的形象逐渐变成了灵牌、灵位。

可见，祖先崇拜虽然来源于生殖崇拜，但又不同于生殖崇拜。最原始、最单纯的生殖崇拜直到近现代还在许多少数民族中存在着，其本意并没有很大变化。如我国西南地区的苗族、白族、哈尼族、纳西族、普米族以及西藏门巴族，等等，都流行过崇拜女阴和男根的习俗。女阴的象征有的是灵石或女阴石（像女阴的石头），有的为山凹、山洞或池潭等，既要有形，还要有水（象征精液）；男根的象征以石祖最多见，一般是选择有男根形象的巨石或供奉一石祖。石祖有的位于山上，有的竖于洞中，近旁亦有水池或流水等。求育的一般方式是：妇女先在巫师带领下向石祖烧香叩头，有的则要在石祖上坐一会儿，然后在水池里洗浴或在石祖上吸喝圣水，据说这样就能怀孕生子。西藏勒布地区的门巴族在每家屋顶和房檐下都挂有木祖，作为家庭的保护神，并兼有辟邪的作用。直到现在，西藏拉萨药王山上还插有西藏本教崇拜的男性生殖器——石祖。凡此种种，都还带有比较淳朴的原始生殖崇拜形式。而祖先崇拜则不同，在夏商以后就已蒙上了宗法、礼制的外衣，变成了威严的宗庙禁地，并具有明显的等级差别和嫡庶之分，已不是最初的祖先崇拜形式了。

 ## 神秘的祭祀法器——璋

璋，为我国古代祭器的一种，主要用玉石加工而成。关于璋的用途和形制在文献中多有记载，如《诗经·大雅》中就说："济济辟王，左右奉璋。"注曰："璋，祭祀之礼玉。"《尚书·顾命》也说："秉璋以酢（音 zuò）。"注云："报祭曰酢。"《周礼·冬官·玉人》中记载的则更为详细："大璋中璋九寸；边璋七寸；牙璋中璋七寸……"可见，至少在西周以前，璋已有了大璋、中璋、边璋和牙璋之分，而且各有一定标准。对于璋的形制区分，历来存有争议。比较通行的说法是：大璋、中璋形体像圭，唯上端由正尖变为斜尖，即《说文解字》所云"璋，剡上为圭，半圭为璋"；边璋简单地说即大璋之一边，像是将圭从正尖处纵向劈开，形体普遍较大璋要窄；牙璋的突出特征是有锋利的尖牙，即上端两侧有尖，中部下凹或成沟槽状，下端两侧常有扉牙。

以上观点是在文献记载的基础上，结合目前的考古发现而论定的，比较切合实际。尤其是上述的牙璋形式，以前争论最多，有各种推测，直到最近才有了比较一致的看法。

从大量的考古发现来看，璋的起源十分古老，至少不晚于距今4000多年以前的龙山时代，有人认为要早到距今6000年左右的山东大汶口文化时期。其前身一说来源于铲或刀等工具类，另一说则认为来源于大汶口文化的"獐牙钩形器"。我们认为，璋与牙璋的来源应有所不同，前者直接来源于工具的可能性不大，而应与圭（祖）有很大关系。圭来源于祖先崇拜和土地崇拜，在甲骨文中与"土"、"祖"二字就非常接近，因而圭的主要象征意义应是土地和祖先，在祭地或祭祖时应持圭。但夏商以后的大型祭祀（尤其是天子或诸侯祭祀时）一般都有主祭和陪祭，祭祀诸人的身份地位亦有高低。为区别祭祀之人的身份，便产生了用璋制度，即除主祭者或其直系持圭以祭外，陪祭者（或宾客）均用璋，按他们的远近或地位又分大璋、中璋和边璋等。而牙璋则有可能来源于某种法器。这种法器或取形于一种独特的植物，或取形于某类狩猎武器，总之是可以给人们带来福佑的东西。用这种法器祭祀时，目的是能够得到神灵的保佑，取得更多的自己想要的东西。如《周礼·典瑞》云："牙璋以起军旅，以治兵守。"郑司农曰："牙璋瑑以为牙，牙齿兵象，故以牙璋发兵，若今铜虎节。"其实更确切地说，《周礼》所言乃有因牙璋可以为举兵制胜带来好兆头之意，故曰"典瑞"。这一点与大汶口文化"獐牙钩形器"的用途或比较接近，但二者是否具有直接联系则很难遽下结论。

牙璋之形体明确、时代又最早的考古发现是在陕西神木县石峁遗址。该遗址属于距今 4000 年以前的陕西龙山文化的地层中，目前已发现牙璋 28 件：墨玉质，黝黑如漆，唯刃口薄处色较浅，呈深茶色（似经火烧）；首部刻磨成两两相对的齿牙，有的内凹成月牙状，刃在内侧；体扁平而长，侧边多作亚腰形；方形柄，柄身结合部向两侧突出体外，边棱有的还刻作扉牙，中间部位穿一孔，末端一边往往斜行；除一件刻有纹饰外，余均素面（见图48）。这些特征与文献记载及后来流行的牙璋实物已相当一致，而且制作非常精美，说明牙璋的起源还当更早。

至夏商时期，璋的应用已相当普遍，尤其是大型都

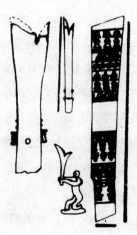

图 48　璋及其使用方式示意图

邑遗址中出土最多。如在河南殷墟西区发掘的 71 座随葬有玉石礼器的墓中，出土石璋的就有 52 座，总数达 183 件。其中 1713 号墓所出的 8 件石璋，均整齐地放于墓主肩右侧。

1986 年，四川省文物管理委员会等在属于古代蜀国的重要都邑——广汉市的三星堆遗址中，发掘了两座大型祭祀坑，所出的大型青铜人像和金器等已引起国内外的广泛关注。其中与祭祀有关的各种玉石璋，也是一个重要发现。

石璋包括牙璋与边璋两种。牙璋又分两类。一类 10 件，如标本 K2 ③：324，石质呈黑色，顶端有双牙，一长一短，牙内侧斜磨成双刃状；长射（身），射与柄之间有 5 对齿状扉牙，扉牙上下各雕刻一对凸出的云形阑饰；下面的阑饰中间有一直径 0.5 厘米的穿孔；柄呈长条状，下端略斜，通体制作精美；牙长 5.5～10.2 厘米，射宽 5～6.4 厘米，通长 68.2 厘米，厚 0.95 厘米（见图 48）。另一类仅 1 件，石质呈赭红色，上尖下宽，顶端两牙平齐，其内侧斜磨成双刃，表面打磨光滑，射与柄之间亦有 5 对齿形扉牙，但无阑饰，柄与扉牙交接处的中间有一穿孔，柄下部略残，牙长 2.5～3 厘米，射宽 6.2～6.9 厘米，通长 50 厘米，厚 0.3 厘米。

边璋 3 件，形制略同。标本 K2③：201 附 4，石质呈青灰色，微残，顶与柄端斜直平行，有明显的火烧裂纹；璋体上宽下窄，射与柄的两面各阴刻两组图案，每组包括 5 幅，每幅图案间由两条平行线相隔，内容包括冠形、耳饰不同的两组人物，人物下面各有一幅内容略异的连续山形、勾云纹图案，其间为一幅勾连云雷纹，四组图案上下正背相对应，内容相同，刻画手法已相当熟练；璋射长 43.1 厘米，上宽 8.8 厘米，下宽 6.8 厘米，通长 54.4 厘米，厚 0.4～0.8 厘米（见图 48）。另外，所出的玉璋也不少，其中又以牙璋为主，形式与石璋差别不大，时代均相当于距今 3000 多年以前的商代后期（殷墟二、三期）。

对于璋的用途，目前仍有不同意见。但一般多认为璋与边璋应用于祭祀，是祭祀之人手持的法器。至于祭祀的对象则有争议：有认为是祭祀祖先和土地的，作用类似于圭，《尚书·顾命》所言的"秉璋以酢"即与这类祭祀有关；有认为是专用以随葬的，属于"丧葬之礼玉"；也有认为是祭一方神祇的，如《周礼·春官》中"以玉作'六器'，以礼天地四方：……以赤璋礼南方"，等等。而对于牙璋，除古人所说的"以起军旅，以治兵守"之外，不少人则认为是"用于祭山或朝聘之礼玉。尤其是祭山"。其主要依据则是三星堆二号祭祀坑所出的边璋图案及手抱璋牙作跪拜状的小铜人像（见图 48）。其实牙璋的含义当不止此。

总之，璋与牙璋的祭祀对象应有所不同：前者重在祖先崇拜，后者重在自然崇拜；前者很可能是由圭（祖）演化而来的，后者的来源尚难断定。它们都是抽象化了的祭祀用器，与圭、璧、琮等在古代宗教祭祀中同样具有重要作用。

3 两种独特的医疗工具

最早的外科"手术刀"——石砭镰

砭镰是砭石的一种，形状似镰而小，既尖且弯，是我国最早出现的石质医疗工具之一，其功用如同现在的外科手术刀，即利用其锋利的刀尖划割肿疡和泻血等。这种"手术刀"在历代医药文献中都有记载，如春秋时期的神医"扁鹊"就常用砭镰治疗"病在血脉者"。后来常将这种手术叫做"镰割"，亦即《说文解字》中所记的"以石刺病也"。直到清代的文献中还保存有一些关于"砭镰"的图像，其中提到的"大弓刀"、"小弓刀"、"弯刀"、"镰式（刀）"等，在宽度、长度、弧度等方面均具有镰的特征，证明它们都是古代砭镰演变和发展的结果。

1973年，河北省博物馆等单位在发掘藁城县台西村商代遗址时，于第14号墓中出土了一件保存完好的石砭镰，时代属于商代中期。现藏河北省博物馆。

此镰原放于墓西侧二层台上的一个长方形漆盒内，长20厘米，最宽处5.4厘米，未见有装柄痕迹（见图49）。经中医专家鉴定，确认是一件商代的医疗工具——砭镰。与这件石砭镰同出的漆盒已腐朽，但仍可以看出盒内涂成红色，外髹黑漆。另外，该墓还出有铜爵、铜觚、铜刀、铜鬲和陶豆、卜骨等，并在东侧二层台上殉葬一女奴，说明墓主有较高的身份地位，应是巫师一类的贵族人物（当时的巫师均兼医生，医与巫不分）。

图 49   台西遗址石砭镰

有关石砭镰的起源，目前说法不一。一说认为来源于窄长锋利的细石叶，这类细石叶有的比手术刀还要锋利，切割泻血绰绰有余，但是否用于治病则不得而知。另一说认为来源于新石器时代的锥形器，这种锥形器制作都很精致，其形体作铅笔状，一端尖锐，另一端作圆球形或钝尖形，横剖面作圆形、多边形、方形或长方形等，质料多为玉质，在山东大汶口文化和良渚文化中最常见。此外，认为直接来源于石镰的也不少，此说似乎也容易为人所接受，因为新石器时代的石镰是非常普遍的，其中一些用作砭镰似不无可能。1963 年在内蒙古多伦旗头道洼新石器时代晚期遗址中就出土过一件被认为是"石砭镰"的小型石镰，其长仅 4.5 厘米，一端扁平，有半圆形刃，可用于切开痈肿；另一端呈锥形，可用作针刺泻血等。其形状、大小同内蒙古发现的古代青铜针相似，尤其接近清代文献中"小弓刀"的形式。此或可作为石质医疗器具的又一早期例证。

尽管目前对砭镰的起源存有争议，但其历史之悠久则是各家所公认的。因此，作为我国最早的外科工具也非它莫属。

隋唐时期的石药碾

中医作为我国的一大国粹，大约在商代便已有了比较完备的医药工具，如外科手术用的石砭镰，针灸用的铜、骨针，研药用的擂钵、臼等。到隋唐时期，医药工具又有所发展，其中一项便是药碾的出现。

药碾是一种比较先进的碎药工具，形体一般都很小，有铜药碾、石药碾乃至银药碾等，后来的茶碾便是从药碾发展而来的。数量最多、应用最广的是石药碾，它们的形制基本相似，大部分都是槽碾。其中河北晋县北张里村出土的一件唐代石药碾就比较典型。

这件药碾是 1983 年由石家庄市文物研究所发掘出土的，系用白色大理石（汉白玉）雕制而成，包括碾槽、碾轮、碾盖三部分。碾槽平面呈长方形，长26.3 厘米，宽 5.5 厘米，高 2.7 厘米。凹槽呈船形，最大深度 3.5 厘米。碾槽上端三面开出燕尾槽，以供碾盖推进拉出，其正、背、端面上分别雕饰有三角、网格、回字、门锁等花纹图案。碾槽与长方形基座合雕在一起。基座长 23 厘米，宽 5.5 厘米，高 2.4 厘米，正、背两面均雕壸（音 kǔn）门图案。碾轮直径9 厘米，中央微鼓，呈扁圆形，中心有一圆孔，以便穿轴，圆孔周围有连珠纹和柿蒂纹浅浮雕。碾盖中间立雕云头钮，钮上及其周围雕以束带、花卉纹饰（见图 50）。

该药碾结构合理，造型新颖，在隋唐时期的药碾中比较典型，以后历代药碾（包括茶碾）均继承了这一形制。

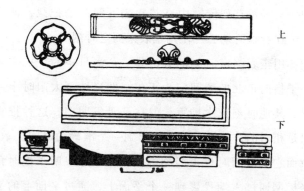

上

下

图50　唐代石药碾

 石制天文工具的发展

日晷小传

日晷是利用日影位置的变化来测定时刻的一种计时仪器，通常由一根晷针和刻有时刻线的晷盘组成，以石制品最多见，又称"太阳时计"或"太阳钟"。"晷"字的古义是太阳的影子，西汉及以后很长时期内仍把圭表测得的太阳影长称为"日晷"，直到元代前后，才把测天体方位以定时刻的仪器称为"日晷"，明末以后，作为测时仪器而命名的"日晷"才流行于世。

我国的日晷起源于圭表测影。安徽含山县凌家滩新石器时代墓葬中（距今5000年左右）所出土的刻纹玉板，很可能已与测影定时有关；在三千多年前的商代甲骨文中，也已出现了可能与观测太阳影长有关的文字。据史料记载，西周曾在今河南登封县境内建立过利用土圭测量日影的"周公测景（影）台"。《史

123

记·司马穰苴列传》中有"立表下漏"的记载，证明至少在春秋时期已经使用圭表来测定时刻了。

用圭表测定时刻的方法是：每当日中时，把圭表影子指向正北的瞬间定为正午，即当地真太阳时十二时，其他时刻依次推算。但在晷盘发明前，这种推算只是相对的，在一天里只能得到一个准确的时间读数，故而它不能随时校正漏刻的快慢。后来发明了把时角坐标网通过表端投影到一个平面上，通过平面上的平均刻度——晷盘，来准确地计算时间，这样就可以从太阳影子的位置得到白天任何时刻的读数，这就是日晷。

按装置地点，日晷可以分为固定式与便携两种。固定式日晷一般固定安装在观象台内，中国多装在宫殿、寺观等宽敞阳台上；外国多装于教堂。由于常年处于风吹雨淋之中，晷面刻度极易锈蚀毁坏，因此固定式日晷多为石质晷面、金属晷针。便携式日晷随地可装，一般附带有确定晷针方向的指南针，小巧玲珑，工艺精细，质地亦多种多样。

根据晷针和晷面的取向和相对位置的不同，还可把日晷分为赤道式日晷、地平式日晷、立晷、斜晷等类型，其中以赤道式日晷和地平式日晷为最常见。

赤道式日晷晷面与地球的赤道面平行，即晷面和地平面成一定角度。这一角度随地理纬度的不同而变化。在晷面的中心立一根垂直于晷面的铜或铁制晷针，晷针同地球自转轴的方向平行。这种日晷的特点是：晷面时刻线均匀划分，结构简单，读时直接准确。春分到秋分的夏半年中，可从晷盘上半面观测时刻；秋分到春分的冬半年中，可从晷盘下半面观测时刻。但在靠近春分或秋分的日子，晷面与日影射来的方向平行，不便于观测准确的针影位置。古今中外的学者公认赤道式日晷是中国创造发明的。在中国宫殿、庙宇乃至园林中的固定日晷都是赤道式日晷，今北京故宫等地还保存有相当数量的清代制造的石质赤道式日晷。

地平式日晷晷面与地平面平行，晷针与晷面斜交，交角等于本地纬度。其特点是：装置简单，只用晷盘的上表面（指北半球）和一条晷针，就可测定白昼的任一时刻，但晷面上的时刻线划分不均匀。地平式日晷最早出现于欧洲，一直为西方各国沿用。中国最早关于地平式日晷的明确记载是《隋书·天文志》，其中提到隋开皇十四年（594 年）郿（音 fū）州司马袁充发明的短影平仪晷面圆周均分为十二辰，圆心立表。袁充测定了不同节气里太阳走过一辰所需的时间，载列为表，但因每一个时辰对应的表影长度相差悬殊，未被后人采纳。直到明朝后期，随着西方传教士的东来，地平式日晷才传入中国，并逐渐流行起来。

迄今我国所发现的年代最早的日晷有两件，它们分别是清光绪二十三年（1897 年）在托克托城（今内蒙古呼和浩特市）和 1932 年在河南洛阳市金村（即古金墉城）出土的两块石制晷盘。前者现藏于中国历史博物馆，后者藏于加拿大安大略皇家博物馆。按盘上文字考察，其制作年代当在西汉初期。两晷形制基本相同，在正方形平面上刻有大小两个同心圆。大圆上每隔 1/100 圆弧的地方刻有一个浅孔，共 69 孔，每孔向内刻有一条辐射线，到小圆周为止。圆心刻一略大的深孔，用以插晷针（见图 51）。这种石刻合于中国古代把一天分为 100 刻的时刻制度。关于这两块日晷盘面，学术界一直存在分歧。有人认为是一种测定地方真太阳时的日晷。对于其究竟是地平式日晷还是赤道式日晷，意见也有不同；有人还认为它们可能不是日晷，而是一种置于地平面上，用来测定方向或方位角的仪器，它可用作漏壶的校准器（其实与日晷的使用方法是一致的）。

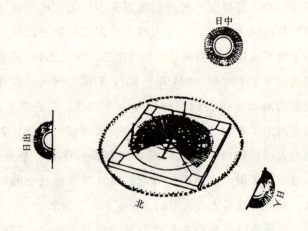

图 51　日晷测影示意图

现存最大、最完好的一件日晷是清代前期设置于北京故宫太和殿台基东侧的赤道式固定日晷。该石晷系汉白玉石质磨刻而成，晷面直径 72.5 厘米，厚 8.5 厘米，铁制的晷针全长 68.4 厘米，插在晷面中心，晷面上下两半边圆周上均匀地刻画出标有十二时辰并分初正的时刻线，文字为满汉两种。晷面采用九十六分法。这是清代日晷普遍采用的时刻划分方法，显然是受西方天文计时的影响。晷盘与底座平面成50°交角，与北京的地理纬度基本相合，正适于在北京测时。日晷放置在高 2.7 米、边长 1.65 米的方形石座上。整体制作精细，气势宏伟，为清代固定式日晷的代表。

登封观星台石圭尺

在河南登封县城东南的告成镇，有一座古老的高台建筑，它就是元代著名天文学家郭守敬所创建的观星台。这座观星台主要由两部分组成，一是由盘旋踏道簇拥着的巍峨台身，一是在台身北壁凹槽底部由南向北平铺的巨型石圭尺。该观星台始建于元代初期，距今已有七百年历史，为我国现存最早、最完备的天文台，也是世界上最重要的天文观测遗迹之一。

这一观星台的石圭尺一般又称量天尺、影表尺或天文尺等，主要用来测定表影的长短，以计算季节的变化（见图52）。

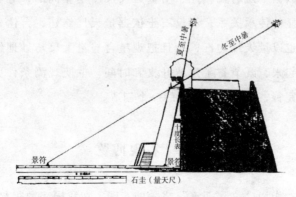

图52 登封石圭尺测影方式示意图

观星台平面呈凹字形，缺口向北，石圭即位于台下北侧缺口内的中央子午线上，自南向北由 36 方青石板连接而成。其南端深入凹字形缺口 343 厘米（合量天尺一丈四尺），圭面长 3119.6 厘米，加上北端近地表处凸出的石制出水槽台，石圭总长 3129.4 厘米。据《元史·天文志》记载，石圭"长一百二十八尺"。以此尺数乘以明刻量天尺平均值，即 128 × 24.525 = 3139.2 厘米，与实测总长相差约 10 厘米，误差不到三百分之一。台顶小室是明代后建的，位于台顶凹口处，其东西对称的窗口下沿，高度与台顶围墙相等。未建小室前，这里实际上也是围墙，东西相距恰为量天尺五尺，围墙顶端刚好可以安放《元史》所载之六尺测影横梁。经实测，围墙顶端下距圭面 976 厘米，再加上文献所载测影横梁半径的理论值 3.2 厘米，总高为 979.2 厘米，这与郭守敬四丈高表之计算值（981 厘米）相比，相差微乎其微。从这一石圭尺的一系列有关数据不难看出：元、明量天尺尺度是相同的，有着明显的传承关系；不仅石圭依据量天尺修建，台体建筑也以量天尺为准，而且把观星台与量天尺巧妙地结合起来，既节省了建造开支和时间，也使观测条件更为完善，是天文学史上的一个创造。

 石砚博览

作为"文房四宝"之一的石砚，在我国起源很早，它最初并不是用来研墨书写文字，而是主要用来磨制、调和颜料以绘彩。距今 6500 年前的陕西临潼县姜寨仰韶文化遗址中便发现了多件绘制彩陶的研磨工具，可以说是已知最早的原始石砚。类似石砚在其他史前文化遗址中亦屡有发现，也多与绘制彩陶有关。夏、商至春秋时期，石砚虽也不断出土，但总的讲数量较少，且多未用于书写文字，尚处于石砚发展的初级阶段。

真正用于书写的石砚，是与书写工具的变化分不开的，它是在甲骨文和金文的刻、铸方式之外，书写材料多样化发展的结果。因此，笔与石砚密不可分。文字只有用笔写、而不是刻在材料上时，石砚用于书写的功能才被体现出来。据考古发现可知，笔的出现相当早。有人认为史前时期的彩陶就是用笔绘画的，也有人认为金文字体是先用笔写而后刻铸的，而最有说服力的资料则是出于春秋晚期晋国都城附近的"侯马盟书"和出于战国早期曾侯乙墓的大批竹简等，它们无疑都是用毛笔写成的，这就为石砚功能的转变提供了有力证据。一般认为，最迟在战国时期，砚就已用于书写文字。在 1975 年发掘的湖北云梦睡虎地战国晚期至秦代初期墓葬里，石砚、墨和其他文具等一同出土，砚用于书写的功能已显而易见。

最初用于书写的石砚多呈圆饼形，简单而无纹饰；所用砚材亦不固定，上面磨平作为砚面，底面多比较粗糙。所附小研石多呈柱状或圆锥状。这种形式一直延续到西汉晚期。

自西汉开始，石砚的数量迅速增加，形制已趋于稳定。最常见的仍是圆饼形石砚，表面光滑，底部一般不加磨制，常与柱状研磨石或墨块同出。湖北江陵凤凰山出土的一套完整文具，有石砚、墨、简和削刀等。到东汉时期，石砚的品类进一步增加，出现了精雕细刻、带盖附足的圆形盒式砚，并迅速流行开来。这时的砚面多分为两部分，成大小弦月状，砚盖常雕有异兽或刻有花纹，尤以盖上雕成螭或龙的形制最为典型，螭、龙为 2~6 个不等，作聚首盘绕状，有的还刻有吉语铭文。这类砚在中原地区很流行，四川、甘肃、内蒙古等省区也都有出土。甘肃省博物馆收藏的一件东汉螭盖三足石砚，砚盖雕作双螭盘绕。双螭张目竖耳，互咬对方颈部，颈下透雕成孔，前右足斜立外向，前左足屈跪，中腰盘转，后二足匍匐。砚盖四周斜面阴刻二虎和斜平行线纹。砚面平坦，周边略低，与盖扣合紧密。砚下鼎立三足，足正面均阳刻成熊首状。该砚通高 12.8 厘米，直径达 32.3 厘米，造型古朴生动，堪称汉砚中的精品。

此外，西汉时期还出现了长方形黛板式砚。这种长方形的石板有的作为研墨写字之用，有的则作为研磨石黛供妇女画眉之用。有些比较讲究的黛板式石砚还配有精美的漆盒或铜盒，特别是漆盒，利用绘画艺术加以装饰，使砚盒更增添了观赏效果。

魏晋南北朝时期，圆形三足石砚继续使用，其末期还出现了五足至六足石砚。这时北方雕刻的方形石砚广为流行，尤以北魏和北燕的石雕方砚为代表，带有浓厚的地方风格和民族特色。晚期出现了分隔式长方石砚和瓷砚、陶砚等，有砚池和砚床，墨块可直接在砚池中研磨，从而使研石迅速被淘汰。

唐代经济、文化高度发达，为文房四宝的普及和发展提供了重要的社会基础。朝廷重视文章书法，以文取士，诗文书画艺术一度繁荣，故唐代成为砚材发展的重要时期。这时最为流行的是箕形砚：圆头、身微瘦、尾阔，下附双足或单足，酷似簸箕状。当时对砚材的质地已有相当认识，端石、歙石两种名贵砚材已被开采利用，红丝砚、澄泥砚等也相继出现。而一度流行的圆形三足瓷砚则被多足辟雍砚所取代。北宋以后，除端石、歙石仍继续开采外，北方还出现了绿色石砚——洮砚。此砚因出于甘肃临洮而得名，品色俱佳。这时石砚造型以属于风字形系统的长方形抄手砚为主流，砚面一端低一端高，底挖空，两墙足，便于用手抄取。砚的两端尺寸稍有不同，砚堂端略阔，墨池端稍窄，两墙足内敛，一般无纹饰，但边缘刚劲挺拔，高雅脱俗。元代基本继承宋代风格，但制砚工艺略显粗犷古朴。

明清时期，砚台发生了巨大变化，由实用型向工艺型发展，选材更为讲究，除端石、歙石、临洮石等传统砚材外，还出现了松花石、水晶、翡翠、玉石、漆砂、象牙等新型砚材。制作风格由古朴、简洁趋于豪华繁缛，更加注重工艺。造型上依然流行风字形砚，但奇异石砚明显增多。刻有吉语雅诗、名人题款的新型石砚在明初即已出现并相继流行，雕刻题材以山水、花鸟、人物最多见。一般讲，明代至清初的石砚多端庄厚重，大件作品居多，纹饰不甚繁琐。但乾隆以后，雕刻趋于精细繁密，所表现内容则花草树木、飞禽走兽、云霞日月、山川景物、历史典故、金石碑刻等不一而足，华美绝伦，制砚工艺可谓登峰造极，并由此而形成了不同的工艺流派，如高雅脱俗的浙派、丰满华贵的"广作"等。但从明清传世品来看，文人用砚以雅见长，民间用砚以质朴为主，宫廷用砚则注重精美，用材考究。不同的艺术风格、不同的砚材构成了明清石砚异彩纷呈、琳琅满目的局面。

为进一步展示石砚发展的主要历程，下面我们对不同历史时期所出现的典型石砚作简要介绍。

姜寨遗址石砚

姜寨遗址石砚为我国已知时代最早的用于研磨颜料的石制工具，1972～1979年间，西安半坡博物馆等单位在发掘陕西临潼县姜寨仰韶文化遗址时出土，年代为距今6500年左右，现存陕西半坡博物馆。

石砚共发现16件，同出的还有19件石研磨棒，分属于遗址的第一、二、四期，以第一期出土最多。石砚多用砾石制成，器身经磨制，平整光滑，底部多磨平，上面有一两个臼窝，深浅不一，圆滑光亮，并常残留颜料痕迹。它和石研磨棒、水杯、颜料等组成配套的绘画工具。标本ZHT4-M84：1，平面略呈方形，砚面及底部平整，器表中部有一径7.1厘米、深2厘米的规整圆形臼窝，窝内壁及砚面上有许多红颜料痕迹。臼窝上有一梯形扁平石盖。盖下另有一石研棒，棒长5.1厘米，宽1.8厘米，厚1.2厘米。棒头已磨成斜角形，显然经过长期使用。这套石砚连同红色颜料块和小水杯等均出于 84 号墓，可能是一位熟练画工的随葬品。

与姜寨遗址一、二期同时的陕西宝鸡市北首岭遗址中、上层也出有 14 件石砚，同出的还有 14 件研磨棒，其中大多数出土时均留有红色颜料痕迹。石砚和研磨棒的形制与姜寨遗址出土的同类遗物十分相似，用途当亦相同。这类石砚在稍晚的其他仰韶文化遗址和黄河下游的大汶口文化中也有发现，多是与绘制彩陶有关。这说明仰韶文化时期已有了相对固定的绘画工具，对于研究当时的颜料配制与绘画技法等也提供了很好的实证。

金雀山西汉墓漆盒石砚

此套石砚包括彩漆砚盒、石砚板、研磨石以及竹制笔筒、毛笔等一整套精美文具，时代属于西汉前期，1978 年由山东临沂市博物馆等单位发掘出土于临沂市金雀山 11 号西汉墓中，现藏临沂市博物馆。

漆盒为长方形，盖与盒身各长 21.5 厘米，宽 7.4厘米，厚 0.9 厘米。盒内有长方形凹槽，嵌一石板砚，端部另有一方形凹槽嵌研磨石。漆盒外表用朱红、土黄、深灰和黑色线条绘出两幅云兽纹漆画。盒盖与盒底的画面大致相同，均以一虎、一熊为中心，熊虎相对作争斗状，旁有四小兽，穿插以流云纹。动物形象生动逼真，画面色彩鲜艳，技法纯熟，极富渲染性。盒内髹赭漆。所嵌石板砚呈青灰色，石质细腻，磨制光滑平整，长 16 厘米，宽 6 厘米，厚 0.2 厘米。研磨石呈方形，长宽各 2.5 厘米、厚 0.2 厘米，胶合在一块长宽各 2.5 厘米、厚 1.1 厘米的台形木块上。放置时木块向上，捏住木块即可将研磨石提出放在石板砚上研墨。出土时盒内尚残留粒状黑墨，石板砚上也留有墨迹（见图 53）。这一套漆盒石砚，对研究西汉石砚的品类、用途、漆画装饰工艺及文房用具发展史等，都是十分难得的实物资料。

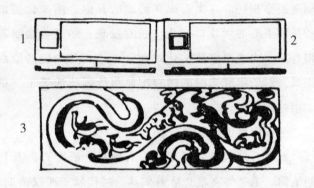

图 53　漆盒石砚

1. 盒盖内部　2. 盒及石砚、研磨石　3. 盒盖外表纹饰

大同北魏石雕方砚

此砚雕成于北魏前期（公元 5 世纪初），1970 年出土于山西大同市南郊的一处北魏时期建筑遗址中，现藏大同市博物馆。

方砚用浅灰色细砂岩雕制，正方形，边长 21.6 厘米，高 9.1 厘米，砚面正中突出一边长为 12 厘米的方形砚盘，以联珠纹和莲花纹作花边。砚盘两侧中部分别有对称的耳杯形水池和方形笔舐，水池两端有鸟兽作饮水状，笔舐两侧有人物图案四组，分别为仙人骑兽、角抵、舞蹈、沐猴；砚面对角有莲座笔插及联珠纹圆形笔舔；砚的四侧雕刻有云龙、朱雀、力士、水禽衔鱼等图案，每侧用联珠纹分隔成七个方格；砚底正中雕莲花一朵，以它为中心，周边雕莲花八朵，以九朵莲花纹构成砚底图案。这件方砚具有浓厚的佛教艺术风格，同时又明显受汉文化的影响。从砚面的浮雕耳杯形水池及砚侧的云龙、朱雀、力士、水禽衔鱼等纹饰和下部壸门还保存着方形图案等观察，都说明它比大同东郊石家寨北魏太和八年（484年）琅玡王司马金龙墓石雕砚的时代略早。

大同是北魏早期都城平城所在地。在魏孝文帝迁都洛阳前的近百年中，平城一直是北魏的政治、文化中心。这件精美的石雕方砚，发现在靠近旧城的东南城墙外，根据《水经注》和《大同县志》记载，这一带应是北魏永宁寺的旧址，石砚可能为该寺之物。

马绍庭夫妻合葬墓端、歙石砚

端砚因出于广东高要县端溪而得名。歙（音 shè）砚因出于江西婺源县歙溪（古属歙州）而得名，又叫婺源砚、龙尾砚。它们都是唐宋以后的石砚名品。马绍庭夫妻合葬墓位于安徽合肥市南郊，1988年由合肥市文物管理处清理，出土端砚、歙砚各一方，时代属于北宋晚期，现藏合肥市博物馆。

端砚出于1号棺（马绍庭本人），为长方形抄手砚，砚堂刻有长方形墨池，砚底刻出长方形抄手。石色灰黑泛红，石质细腻光滑，墨池内尚残留有墨迹。该砚长19.2厘米，上宽12.6厘米，下宽13.2厘米，高3.4厘米（见图54中左）。同出的还有徽墨一锭，上题篆书"歙州黄山张谷×"七字。歙砚出于2号棺（马绍庭之妻），出土时放于漆砚盒内。砚盒呈长方形，木胎内外髹黑漆，素面；底板与盖板系粘接而成，四角皆有极细密的榫卯相嵌接。盒身内沿四周拼粘厚0.5厘米的木条作子口，盖为母口。砚盒通高7.4厘米，长24.2厘米，宽15.2厘米，与歙砚紧密相扣。歙砚呈长方形，石色青莹，石理缜密，坚润如玉。砚堂刻卵形墨池，边线凸起，平底，底部刻有长方形线框。该砚通体制作精细，长22.1厘米，上宽12.3厘米，下宽13厘米，高3.5厘米（见图54中右）。与歙砚同出的还有徽墨一锭、木胎漆砚一方及文具盒一件。徽墨上有楷书题款"九华朱觐墨"。漆砚为圆形，有盖，应为化妆调色用。文具盒的形制及髹漆方式与砚盒同，唯较窄，盒内并排放有五支毛笔。

图54 端、歙石砚

该墓位于古歙州重地，墓主夫妇均系北宋晚期名门之后，所出砚、墨、笔等均为上等佳品，是文房用具史上的一次重要发现。

顾从义摹刻石鼓文砚

石鼓文砚因其仿自石鼓而得名。此套石鼓文砚是明代传世的仿古铭砚精品，原为明朝宫中之物，后赏赐于顾从义，顾氏在砚上摹刻石鼓文。之后该砚几经转手，中华人民共和国成立后，由徐世襄后人捐献于天津市艺术博物馆。

该砚仿石鼓而刻，高 10.4 厘米，直径 19.5 厘米，砚面刻"而师"、"马荐"两石文，中夹"内府之宝"四字印，砚底刻"吾水"、"吴人"两石文，中间凹处阴刻隶书"石鼓"二字，篆书"子子孙孙用之永保"，落款为楷书"东海顾从义募勒上石"，石砚四周并列刻"吾车"、"汧殴（音 qiānyī）"、"田车"、"銮车"、"猷作"、"霝（音 líng）雨"六石文。石砚有盒。盒用紫檀木制成，做工精细，盒盖顶雕牡丹花纹一周，中央镶嵌墨玉螭纹雕饰。盒周围有清代学者程瑶田的长跋《石鼓砚记》和孙效曾的题诗。此外，砚底有清道光二十一年（1841 年）朱善旂（音 qí）跋语。朱氏本人亦收藏有类似的摹刻石鼓文砚，唯砚体作长方形，现亦藏于天津艺术博物馆。这些题记和跋语有助于了解此砚的流传经过和价值。石鼓文是中国最早的石刻文字，顾从义摹刻的这方石鼓文砚，对研究石鼓文的内容、字行排列、复原石鼓文的顺序等均具有重要历史价值。

清代松花石砚

松花石砚是清前期御用石砚中的精品，因产于松花江上游地区而得名。松花石又名松花玉，石色分深绿与浅绿两种，间杂黄色，纹如刷丝，属变质砂岩或板石岩类；石质细腻温润，坚硬致密，为制砚良材。

松花石砚在明初即已出现，被误认为"绿豆砚"，后经琢砚名家金殿扬确认为松花石砚。清廷所见松花石砚最早的是康熙时产品，其成品至乾隆三十九年（1774 年）止，只有 120 块，均有松花石制作的精美砚盒。故宫现藏清松花石砚已不足 80 方，有款文者 50 余方，就中以康熙至乾隆年间的此类石砚最多。

松花石砚有各种形状，以长方形最多，另有圆形、椭圆形、桃形、钟形、铃形、葫芦形，等等，砚池分瓜池、荷叶池、麒麟池、如意池、桃形池、嵌螺钿池多种。除以光素无纹者居多外，少数精品雕有日月、云水、夔龙、伏虎等纹饰和造型。天津艺术博物馆收藏的一件伏虎松花石小砚非常有特色：该砚呈伏虎形，由盖和砚堂两部分组成，长 9 厘米，宽 4.7 厘米，通高 2.9 厘米，盖面隆起，雕出虎头、双耳、尾；砚堂雕成虎身状，下有四足伏地。松花石以浅绿、深绿、绛紫为基本色，黄色甚为少见。此砚虎形与其黄色质料的斑斓纹理有机结合在一起，形色统一，砚体小巧，别具情趣。

松花石砚由于其石料产自清始祖发祥地松花江流域，故在清代，特别是康、雍、乾三朝，对之极为推崇，誉之"发墨与端溪同，品在歙坑之右"。此评尽管不无溢美之处，但其上品之精良确是名副其实的。

6 石磬聚英

石磬是中国最早出现的大型石制打击乐器，因主要用石材制成，故又称"鸣石"。标准石磬形体略呈鲸头状（曲尺状），窄而长的一端称"鼓"，宽而短的一端称"股"，鼓与股的上边交角称脊，亦即《考工记·磬氏》所说的"倨句"，倨句下有悬绳的孔（穿），鼓与股的侧边分别称"鼓博"和"股博"（见图 55）。夏至战国时期是石磬由初步发展到基本成熟，最后达到鼎盛阶段的时期。

图 55　磬图示意

从石磬的制作材料看，绝大多数石磬均用石灰岩类加工而成。这类石料因形成条件和分布不同而呈深灰、浅灰、灰黑、浅褐、灰白等多种颜色。它们的矿物成分相同，主要由 $CaCO_3$ 组成，一般结构粒度较匀细，唯大理石粒度略粗，色偏白，有人往往误认为玉质。至于通常所说的"青石"，一般均属青色或青灰色石灰岩，真正用玉石制作的磬数量极少，音质亦难控制。因此，古人称磬为"鸣石"其实是很有道理的。

从石磬的发展过程看，它最早萌芽于新石器时代晚期阶段，一说来源于穿孔石铲或石刀，另一说认为来源于穿孔石犁或耘田器。其来源均与石制生产工具有关。早期石磬多为单体打制，个体宽大、厚重，造型原始，鼓、股分化不明显；成品的上部偏中钻有一孔，用以悬挂敲击；磬面不经琢磨，比较粗糙。已知的最早实物主要出土于山西襄汾县陶寺龙山文化墓地中，在该县大固堆山旧石器时代晚期至新石器时代的大型石器制造场遗址中，还发现了与陶寺龙山文化石磬形体一致的大型石磬坯。

继中原龙山文化之后，在同属于夏代二里头文化的河南偃师县二里头和山西夏县东下冯遗址中也都出土了大型石磬。前者出土于二里头遗址 1 号宫殿北面的一座三期大墓中，形制类似耘田器，磬面已加以磨制，中间脊部凸出，穿一大孔，宽的一边稍短，窄的一边较长，底部略内凹，已具标准石磬的雏形，说明至少在商代以前，对石磬这种乐器的认识已有相当进步。与石磬同出的还有玉钺、玉戈等多种精美玉器以及爵、戚、戈等早期青铜器（这在二里头文化时期已属罕见），显然墓主人的身份非同一般。这同商周以后石磬多出于大、中型贵族墓的现象是一致的，说明石磬一经出现，便很快为贵族阶层所专有，成为代表其身份和地位的标志物。另外，在同时代的青海乐都县柳湾齐家文化墓地和内蒙古赤峰市夏家店下层文化中也都发现有类似的石磬，形体均比较原始，有的已略加打磨。

至商代中晚期，石磬的形体逐渐走向定型化，并开始成组出现。除河北藁城县台西等遗址出土少量大型单件石磬外，现存实物主要出土于河南安阳市殷墟中，包括大型虎纹石磬两件、三枚一组的石编磬四套、五枚一组的石编磬一套，另有一些单体刻纹石磬与石磬残段等，其中以虎纹大磬雕刻最为精美。殷墟武官村大墓所出的一件为单面雕刻。洹南殷王宫遗址中所出的一件为双面雕刻，大小与前者相近，长88厘米，高28厘米，厚4.2～4.6厘米。它们的形制均成鲸头状。后者虎纹作游走势，探头张口，塌腰耸肩，后身蓄势向前，尾端作鱼尾形，上下衬以蚕纹、云雷纹等，雕刻线条刚劲流畅。此器音质优美，与武官村大墓石磬同为商代乐器之精品。

石磬的成熟阶段是西周时期，鼓、股分化已比较明显，形体结构与音律变化已相当稳定。标准石磬的最早记载见于《周礼·考工记·磬氏》："磬氏为磬，倨句一矩有半，其博为一，股为二，鼓为三。参分其股，去其一以为鼓博；参分其鼓博，以其一为之厚。已上则摩（磨）其旁；已下则摩其耑（端）。"据此推算磬体各部比例为：

令股博 = 1，

则股长 = $1 \times 2 = 2$

鼓长 = $1 \times 3 = 3$

鼓博 = 股博 × （3 - 1）/3 = 2/3

厚 = 鼓博 × 1/3 = 2/9

倨句 = $90° \times 3/2 = 135°$

把这一规定与出土实物比较，可发现西周以后的石磬大致与此相符，误差一般在1～3厘米，倨句夹角差不到10°，说明当时的石磬制作已相当科学。

随着礼乐制度的建立，用磬和用鼎制度一样也有着严格规定，不同身份地位的人，用磬形式和数量亦不相同。结合文献记载和出土实物看，这时的磬分特磬与编磬两种：单悬而形体较大者为特磬，形体由大到小依次成套悬挂者为编磬。西周时期的特磬目前发现不多，但在陕西扶风县召陈周原遗址，1970 年曾发现一枚巨型特磬，其形制与周原出土的石编磬相似，系青石磨制而成，倨句部有孔，需要两人合力才能抬起，生产队曾用它来拴牛，可惜后来下落不明。西周时期的编磬一般 3～13 件不等，每磬分别代表不同的音质，一般均能奏出两个八度之内的五声音阶（宫、商、角、徵、羽），悬挂时鼓部下倾，倾角相当一致，便于敲击，常与铜编钟合奏金石之乐，是显示身份地位的礼乐重器。据总结当时的科学技术而编成的《考工记》一书，知当时已有了严格的制作规程和专业作坊。这种石编磬在春秋战国时期尤为盛行，一般出土于大、中型墓中，最多的一墓即出数十件，大小有序，音质纯正优美，有的还刻纹施彩，十分华贵。到秦以后，在墓葬中还常出土陶、木制作的磬，数量虽多，但已纯属明器。西汉以后，因礼崩乐坏和胡乐的传入，作为传统打击乐器的石磬逐渐退出了历史舞台，只有少量纯供欣赏、陈设的"玉磬"被保存在封建帝王的宫廷中（见图 56）。

由于石磬在中国石器发展史上占有重要地位，故在此将石磬系列中的一些精品介绍如下。

东下冯遗址石磬

在属于二里头文化的东下冯遗址中，曾由中国社会科学院考古研究所发掘出土过一件打制的大型钻孔

图 56　清康熙款描金双龙玉磬

石磬。此磬用细砂岩制成，比较完整。磬体扁长宽厚，近三角形，留有大块石片疤；曲折不明显，中腰靠上端两面琢钻一悬孔，孔径 1.5 厘米；器长 68 厘米，宽 27 厘米，厚 9.5 厘米，重达百斤（见图 57）。经过测音，知音高为#C。与中原龙山文化陶寺墓地出土的石磬相比，虽同为打制，但此器在形体与钻孔部位等方面更加成熟。

这类石磬在晋南地区多有发现，形体均比较一致。它较二里头遗址三期大墓出土的石磬略显原始，而较

图 57　夏代石磬

陶寺龙山文化墓地出土的石磬又有所改进，说明这一时期的石磬，在上承龙山时代打制石磬的同时，又成为商代磨制石磬的直接前身。

妇好墓石磬

妇好墓是河南安阳商代晚期都城——殷墟中唯一未被盗掘的大型贵族墓。该墓于 1976 年由中国科学院考古研究所发掘，因墓主名"妇好"，故一般称之为"妇好墓"。"妇好"为商王武丁配偶，死于武丁晚期。该墓共出土石磬 5 件，有 2 件出于墓室填土中，形体较小；另 3 件均出于椁内，形体较大，其中有 2 件较完整（见图 58）。妇好墓是已知出土石磬最多的商代大墓之一。

图 58　妇好墓石磬

5 件石磬可分为三种形式：第一种 1 件。青灰色，碳酸盐岩，略呈长条形，上窄下宽，上端近平，下端微外凸；两侧棱角分明，两端较薄，无棱角，近顶端中部有一圆穿，穿径 1.8 厘米，其上有长期悬挂而形成的坠痕；表面磨光，在磬的一侧上端刻"妊冉入石"四字。"妊冉"可能是族名或人名。"入石"即"入贡之石"，"石"字作"才"形，乃磬（粱）之象形。该磬长44厘米，宽8.5～12厘米，厚2.4～3.2厘米。第二种1件。黑色石灰岩制。扁平长方形，顶端呈弧形，下端平，近顶端一侧有圆穿，穿径1厘米。该磬两面均雕成单线鸱鸮形纹，鸱鸮作站立状，钩喙大眼，矮冠短翅，长尾内卷，五爪刚健有力。器长25.6厘米，宽6.7～8厘米，厚1～1.6厘米。第三种3件，均为白色泥质灰岩磨制而成。最长的1件完整，系利用岩石的自然层理制成，一面稍鼓起，上端有穿，穿径3.3厘米，其上有悬挂磨损痕迹；"股"与"鼓"已略具雏形，下侧不平；长97厘米，宽42厘米，厚4厘米。另1件上侧近直，一端稍残缺，靠后上部有2个并列圆穿，穿径约3厘米，其上有悬挂磨损痕迹，下侧略似磬折形，残长51.5厘米，宽32厘米，厚4厘米。最小的1件断为两截，上侧稍斜，并有缺损，中部有圆穿，穿径3厘米，其上亦有悬挂磨损痕迹，残长47厘米，宽30厘米，厚约4.2厘米。这3件石磬一件较大，另两件递次减小，石料相同，形亦相近，均有使用痕迹，可能是一套编磬。

　　从妇好墓所出的5件石磬看，这时的磬体已比较接近，穿孔部位与悬挂方式也比较一致，唯鼓、股的分化尚不明显，还带有一定的原始性。

武官村虎纹大磬

　　1950年，中国科学院考古研究所在河南安阳市殷墟武官村北发掘了一座大型商代晚期墓（属殷墟二期），在此墓椁室的顶部发现了一件精美的大石磬。此磬出土时平放于一方雕花木板上，表面刻有一只猛虎，"虎纹大磬"即由此而得名（见图59）。该磬现藏中国历史博物馆。

图 59　武官村虎纹大磬

这件石磬系用一块青白色大石板雕磨而成，形似鲸头状，正面所雕猛虎形象十分生动：阔鼻大眼，巨口獠牙，身体作下伏后躬状，蓄势待扑；除虎口的牙齿用单线条表现外，其他部分均采用双钩，线条刚劲流畅，技法娴熟。磬背面光平，有几处涂红色和小部分极细的划纹。磬体前宽后窄，上呈弧线形，底部较平，偏前部上方穿一孔，用以悬挂。全器长84厘米，高42厘米，厚2.5厘米。因是单体，应为特磬，即大磬。其股、鼓的分化不明显，悬挂时窄端下倾，成31°角，已初步具有了鼓端窄长而下倾的形式。该石磬敲击时音质纯正、悠扬，近于铜声。它集音乐与艺术于一体，在我国的早期音乐史和艺术史上都具有重要地位。

曾侯乙墓石磬

一提起我国的古老音乐史和发达的古代青铜文化，很多人便会想到常在电视和画报中出现的一排排规模宏大的青铜编钟，不少人还能说出个"曾侯乙墓编钟"来，但对于此墓出土的其他国宝了解就不多了，殊不知原与铜编钟一起陈列的还有气势恢宏的"打击乐器之父"——石编磬！若不是因为石料粉化和悬挂磬的漆木构件等出土时已朽，其华丽高贵完全可与青铜编钟相媲美。

曾侯乙墓是 1977 年发现的，位于湖北随州市西郊擂鼓墩，因墓主为战国早期曾国国君乙，故名。1978年湖北省博物馆等单位对此墓进行了联合发掘，所出石磬共 32 枚，是我国迄今发现数量最多、历史价值最高的成套编磬，现藏湖北省博物馆。

该墓石磬出土时大小有序，排列整齐，均为编磬。编磬分两层悬挂于青铜磬架之上，每层两组，一组 6 枚，一组 10 枚，共计 32 枚。编磬均用石灰岩石料加工而成，多数因盗洞坍塌和水浸而粉化、残断，但都可以复原。其中最大的一件（二层七号）鼓博 10.8 厘米，鼓上边 32.4 厘米，股博 13.5 厘米，股上边 22.3厘米，厚 2.7 厘米，倨句夹角 163°；最小的一件（一层六号）鼓博 4.9 厘米，鼓上边 7.6 厘米，股博 5.7厘米，股上边 6.6 厘米，厚 1.4 厘米，倨句夹角 155°。这些石磬演奏时悬挂于磬架之上，每磬可发一音，音的高低由磬的形体而定，大而薄则音低，小而厚则音高。其悬挂是按磬的大小依次排列，这样音量就有了由低到高的音序。

除下层五号磬之外，其余各磬均刻有铭文，少数还留有墨书，内容为各自的编号、阶名及有关乐律等。

从铭文可知，战国早期各诸侯国所用十二律的名称，制度并不统一，故其各国律名、阶名、变化音名之间对应关系的记载，反映了当时各国之间在文化艺术领域里相互交流的情况，是研究战国音乐史的珍贵文字资料。

编磬与编钟等乐器在墓中同置于中室，东室和西室有陪葬者，均为青年女性，可能就是原乐队的演奏者或歌舞者。这一布局当是曾侯乙生前生活的真实反映。

此外，在该墓北室还出有 3 件漆木磬匣，匣内无磬，有成排的磬槽，其中 2 件各有 14 槽，1 件有 13 槽。磬架上的 32 枚石磬按其自身编号均可放入相应的磬槽中。另外还应有 9 枚石磬未同时随葬，当为备用石磬。

曾侯乙墓石磬不仅规模空前，而且大量的铭文、精美的磬架和明确的悬挂方式亦为以前所未见。这套编磬音域跨 3 个八度，丰富的半音显示了旋宫转调的功能。令人惊奇的是，其中的最高音竟与今天钢琴的最上一键（C8）相同。这反映了古代设计制造定音乐器的成就，使我们扩大了对战国时期宫廷乐器音域范围的认识。

7 话说镇纸

镇纸是西汉早期开始出现的压纸（或绢帛）文具。它与具有辟邪性质的镇不同，是随着书写和绘画的发展而出现的。据考古资料可知，镇纸至迟在西汉初期就已出现，多用石料制成，最初主要是在书画时用以压绢、帛，东汉以后才渐渐用以压纸。

西汉至东汉时期，石镇纸皆为长方形，造型古朴。如湖南怀化市盈丰村5号墓所出的一件西汉中期滑石质镇纸，镇面为长方形，纵剖面略呈弓形，长10.2厘米，最厚处1.4厘米，为时代较早的石镇纸之一。另外，在湖南益阳西汉晚期至东汉中期墓中，也出有石镇纸数件（原报告称"石压"），形制均为长方形薄石板状，长14厘米左右，宽4~5厘米，厚约0.5厘米，表面光滑平整。其中一件与石砚同出。

魏晋隋唐时期，随着造纸业的发达，诗、文、书、画等艺术迅速发展起来，文房用具已成为文人墨客的案头必备之物。镇纸除用石料制作外，还出现了玉、瓷、铜镇纸等。各类镇纸的制作都比较精致，有些还刻有花纹图案。但总的来讲，这时的镇纸形体上与两汉镇纸差别不大，唯隋唐时期的镇纸多成双成对，对石材的选择已很讲究，石质细腻光滑，有的敲击之下声响如磬。

宋元以后，镇纸的发展出现了新的飞跃，其装饰性功能逐渐超过了使用功能，文人、官吏的书房和公堂案头上，多以其来作为装点。镇纸造型也趋于多样化、艺术化，制作技术更加精湛，有的还刻纹绘彩，书以吉语雅诗或雕成动物、山水景致等。如浙江诸暨县南宋董康嗣夫妇墓中，就出土了两件石雕犀牛镇纸。二件外形基本相同，犀牛呈侧卧状，四肢蜷曲，昂首突目，独角向后倾斜，角尖向上，口鼻上翘，两耳耸立，作警觉状。这两件犀牛镇纸长 9.2 厘米，高 5 厘米，底宽 3.1 厘米，造型十分生动，所用石料细腻温润，磨制光滑，通体黝黑。与镇纸同出的还有蕉叶白端砚、龟钮水盂和石笔架等文具。

总之，镇纸作为古代常见的一种文房用品，在西汉时期即已出现，魏晋隋唐时不断普及，宋元以后则呈现出丰富多彩的繁荣局面，其艺术功能得到空前发展，形成了中国文具史上的一个重要门类。

8 名垂青史的石鼓

在先秦时代，人们书写文字的方法是很特殊的。其中最常用的有两种方式：一是刻于器上，包括先刻于范再铸于器上；二是写于简上。前者有甲骨文、金文和石鼓文，后者有各种竹简、"石简"（像圭的薄石片，多用以写盟誓）等。保存至今的以刻文最多，而刻文中数量最少、又最为珍贵的则是石鼓文。

石鼓文因文字刻于石鼓之上而得名。有人又据其刻文内容而称这些石鼓为"猎碣"。石鼓一共有 10 墩，一般认为是春秋时期秦国的刻石，距今至少已有 2500 年以上的历史。这些珍宝在埋没了一千多年之后，才被唐代的文人学士所发现，且为当时著名书法家虞世南、欧阳询、褚遂良等所推崇，由陕西凤翔县南的荒野中运至当时的凤翔府学，并纷纷传拓。然而，由于晚唐和五代的变乱，石鼓几经搬迁而又失散。宋代开国后，经多方搜集，仅找到 9 墩，被放于当时府学的门廊下。直到北宋仁宗年间，才又在民间探访到丢失的那墩石鼓，可惜其上面已被凿成米臼了。这些石鼓后被运往北宋的都城汴京（开封），金人攻入汴京后，又被迁到金的中都（北京）。由于辗转迁移，石鼓表面的文字损坏很多，后来历经元、明、清三朝，石鼓虽一直被放于国子监内，但却无人认真管理。抗战爆发后，石鼓又和其他文物一起南迁，辗转万余里，直到新中国成立前夕才又从四川被运回北京。这些石鼓的经历曲折坎坷，但所幸的是 10 墩鼓均在，形制还算基本完整，现被精心存放于故宫博物院内（见图 60）。

图 60　石鼓拓本二例

这 10 墩石鼓都是用花岗岩雕刻而成，圆顶、长身、平底。每件高约 90 厘米，最大直径约 60 厘米。部分石鼓风化残损较甚。每墩石鼓各刻四言诗一篇，格调与《诗经》大、小雅相似，研究者据《诗经》的体例，取石鼓各篇起首文字作篇名，分别有《汧沔（音 qiān miǎn）》、《霝（音 líng）》、《奉敕（音 pēn cì)》、《吾水》、《作原》、《而师》、《车工》、《田车》、《马荐》、《吴人》等名，原文共 700 字以上，现仅存272 字。其字体与《说文解字》中的籀文相近，应为秦国特有的风格。

这些石鼓经历代传拓，表面墨迹斑斑。现存拓本中以明人安国氏旧藏的三种北宋拓本最早，也最完好，称为十鼓齐先锋本、中权本和后劲本，与现存石鼓的铭文可相互印证，在书法史、文学史以及先秦史研究中都具有重要地位。

七　石苑精品荟萃

两串精美的绿松石项链

　　绿松石是一种稀有矿石，松绿色，有光泽，多呈颗粒状。它在古代和现代都用作装饰物。迄今为止，时代最早的绿松石装饰品出自河南新郑裴李岗文化墓葬中，年代为距今 8000 年左右，为三件近方形的穿孔绿松石片，边长 0.9~1.3 厘米，厚 0.1~0.2 厘米。三件饰物出土时位于死者牙齿附近，应为耳坠一类的装饰物。其他绿松石饰件的发现多在距今 6000 年前后或更晚，一般早不过公元前 4500 年，主要出自墓葬中，以零星的小件饰品最常见。在一座墓葬中出土最多、也最集中的史前绿松石装饰品是山东泰安大汶口墓地 10 号墓出土的一串绿松石项链。

　　这串项链由 19 枚大小不等的绿松石片组成，形状有圆形、椭圆形、方形、三角形和橄榄形等，其中以圆形居多，最大的直径约 2 厘米，最小的直径仅 0.4 厘米，呈圆珠状。每件绿松石均穿有一孔或两孔，孔径大小不一，穿孔部位多偏于一端。这些绿松石出土

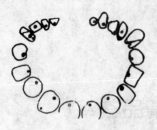

图 61　大汶口基地出土的绿松石项链

时位于墓主颈下部，原应有绳穿连，显然是项链一类的串饰品（见图 61）。这串绿松石项链在整个墓地中仅此一例，而且在该墓死者头部还出土了一串由 25 件长方形和 2 件牙形白色大理石石片以及另一串由 31 件大理石管状石珠组成的头饰。结合该墓所出玉铲、象牙骨雕筒、象牙梳及多达近百件的各类陶器等来看，墓主人的身份地位非同一般。这串绿松石项链应为其生前专有的佩戴物，也说明我们的古代先民，在距今 5000 年以前，就已对宝石有了相当认识，并将之作为财富与权贵的象征。

另一串绿松石项链发现于夏代的主要都城——河南偃师县二里头遗址的一座大中型墓葬中。这件项链由 87 枚绿松石管组成。绿松石管长短粗细不一，长的 2.8 厘米，短的仅 0.4 厘米，皆两端穿孔。由于项链出土时均已散乱，其原来的连缀方式已不可知，推测其佩戴方式应是挂于颈部，垂于胸前，也有可能原为两串项链（见图 62）。

该墓还出有 2 件较大的绿松石管饰及一件嵌成绿松石兽面的铜牌饰。管饰长而扁，通体精磨，长 4 厘米，宽 1.9 厘米，厚 0.9 厘米，与项链同放于墓主人的颈部附近，也应是项链一类的装饰品。铜牌饰的表面用绿松石片排列成兽面形，组合方式精巧别致，所

图 62　二里头遗址出土的绿松石项链

用绿松石片达 300 件以上，加上项链所用绿松石管，共有近 400 件。如此众多的绿松石装饰品出于一墓，说明夏朝上层贵族对宝石的拥有量已相当可观。

出自泰安大汶口和偃师二里头墓地的这两串绿松石项链，对于研究我国早期的宝石加工工艺和审美意识的发展，都是不可多得的珍贵实物。

 妇好墓宝石大观

妇好墓是商代后期都城殷墟中保存最好的王族墓。在这一墓中不仅出土了 700 多件光彩夺目的精巧玉器和大量凝重典雅的青铜器，而且还出土了一批制作精细、工艺精湛的石制礼乐器和宝石器等，是目前出土遗物最多、最为精美的商代大墓。

该墓所出宝石器共 47 件，用料以绿晶、玛瑙、绿松石和孔雀石为主，按用途不同可分为装饰品、雕刻艺术品和其他三类。其中以装饰品最多，包括玛瑙珠25件、玛瑙管1件、绿松石管6件，均中间穿孔。玛瑙珠除两件作矮柱状外，其他均呈算珠形，色殷红或橘红。绿松石管多细小，长0.3～0.8厘米不等。雕刻艺术品有虎、鸽、龟、蝉等，共7件。其雕琢之精美，设计之巧妙，不亚于玉雕动物形象。其中有的钻孔，可以佩带，故也具有装饰作用。在这几件雕刻品中，虎、龟、蛙、蝉均为孔雀石，鸽与一件蝉蛙合体为绿松石。其中以虎和两件绿松石制品最为精美。虎作匍匐状，昂首翘尾，大眼粗眉，塌腰弓臀，蓄势欲扑，虎身饰云纹和条斑纹，尾饰环节纹，通体呈翠绿色，长12厘米，高3厘米。而小鸽子则雕磨得圆润可爱，通体呈绿色，微发蓝，小头略翘，胸部丰满，尾平齐，尾上还有一较大的圆孔，与颈下小孔相通，于质朴中更见意境，长6.4厘米，高2.8厘米。至于蝉蛙合体则采用多面雕刻手法，一面雕蝉，另一面雕蛙，二者相向对鸣，形态生动。蝉头与蛙尾间钻有上下相通的小孔，可佩挂，长仅3厘米，宽1.8厘米，厚1.4厘米。此外，还出有箍形器1件，系绿晶制，透明，两端钻孔，未明其用；坠料1件，淡绿色透明绿晶制，通体光亮，但中心无孔，或用作镶嵌；另有绿松石琢磨而成的海贝6件，4件呈黄绿色，2件呈黑色，背部前端皆有一圆孔，止面雕出唇齿形，或认为用作货币。

总的来看，妇好墓所出的宝石器普遍采用圆雕工艺，刀法娴熟；装饰性强，造型质朴，注重写实，在发展特点上已远远脱离了初级阶段，较之夏代以前的简单钻孔、镶嵌工艺等已大为进步，同时也为后来宝石加工工艺的普及和提高准备了必要条件。

 ## "环状石器"和"环刃石器"之谜

"环状石器"和"环刃石器"的问题在学术界历来争论不一，仅其名称就有"环状（形）石器"、"环刃石器"、"齿形器"（部分）"重石（环石）"、"环状（形）石斧"以及"纺锤"等许多说法。至于它的使用方式更是个谜：一说是用于木作或玉（石）料加工，为旋转式砍伐、切割工具。二说是用于砍砸的狩猎或争斗武器（棍棒头）。三说是具有特殊意义的权杖或宗教信物。四说是套在挖土用的木棒上作为脚蹬的重石，为"掘土棒"的配套工具。另外还有人认为它是一种旋转式的纺织工具，宜称之为"纺锤"或"纺砖"，等等。

关于这类石器的研究自 20 世纪二三十年代已开始，至今已有 60 余年历史。但由于它们的分布多比较分散，特别是科学发掘品数量不多，因此，以往的研究多不够全面，以至在许多问题上引起争论和分歧。直到最近，关于这类石器的研究才有了新的突破，在一些主要问题上初步取得了共识。

其实，"环状石器"和"环刃石器"是有明显区别的，它们是不同历史阶段的产物。许多人把二者混为一谈，不加区别地笼统分析，因而很难得到理想的结论。下面我们就"环状石器"和"环刃石器"分别予以介绍。

环状石器

环状石器的历史，应追溯到古远的旧石器时代。当时的人类在狩猎过程中发现，仅用木棒打击野兽往往不能对其造成较大的伤害；而石块虽硬，近搏时危险，远投时又常常不能击中要害，尤其是砍砸器、尖状器等，掷出后收不回来，造成劳动力的很大浪费。经过总结经验，人们发现在木棒前端套上石球或石块之类的东西后，打击效果更为明显。尤其是打制出刃口的石器（砍砸器或多边刃刮削器等），更能发挥石器的威力。这可以说是最原始的狼牙棒。

随着钻孔技术的出现，人们萌发了将穿孔石器套在木棒上的念头，这样石器可不用绳索捆绑，而且更加适用、牢固。这种有孔石器便是环状石器的初期形态。它大约产生于旧石器时代末期或中石器时代，新石器时代初期已比较多见，主要发现于南方地区，如广西柳州市白莲洞、大龙潭，桂林市甑皮岩，以及广东阳春县独石仔和江西万年县仙人洞等遗址中都有发现，其绝对年代都在公元前 8000 年前后。其中有些被认为是用于播种加力的工具——重石，但在遗址中并未发现原始农作物的遗迹，而且又多是山地洞穴遗址，故这类"重石"用于农业的可能性很小，应主要用来砍砸，功用类同砍砸器。

此外，新石器时代早期，这类环刃石器并不在农业较发达的地区出现，而多见于华南的山地、洞穴或山丘遗址，这从另一方面说明了其作为农具的可能性很小。

到新石器时代中期前后，这类石器开始向两方面转化：一是器体逐渐变薄，外缘开始出刃，功用已类似斧、锯等砍伐、截割工具，只是装柄和使用方式与斧不同，这就是最初的"环刃石器"。二是器体变厚，成为装柄的有孔石锤。有的一端出尖，像北方和西部地区后来出现的石锤斧即属于此类；有的变为多棱体或多齿形，如甘肃齐家文化所出现的"星形器"及辽宁本溪市庙后山遗址所出土的棍棒头等，后来卡约文化中的三棱石锤也应属于这一类。它们很可能是"殳"、"锤"、"狼牙棒"等兵器的直接前身。

环刃石器

环刃石器是新石器时代晚期至青铜时代流行于我国东北地区以及朝鲜、日本等地的重要石制工具。其形状均呈圆盘状，外缘有刃，中间穿孔，孔一般较小，磨制多比较精细。最早的一件环刃石器是 70 多年前日本人在辽宁大连黑咀子发现的。目前出有环刃石器的遗址已不下 40 处，经科学发掘的也有近 20 处，出土的环刃石器已达 70 件以上。

环刃石器多用硬度较大的灰岩、闪长岩、砂岩和石英岩等制成，加工程序一般是先打出片状毛坯，接着对坯料进行修整成形，然后在中间部位琢挖钻孔（一般是两面对钻），最后是通体磨光或仅磨刃部。此外，许多环刃石器在磨制时还特意将刃缘加工成锯齿形或花边形，以增强其锯截功能。根据对多数环刃石器的综合考察，我们发现它们几乎全是实用器，崩残、断裂现象十分普遍，而与新石器时代晚期北阴阳营文化的那种环状石斧明显不同，后者应是从舌形石斧演化而来的，其用意更近于石钺，装柄方式也与石钺相同。从这些环刃石器的形态看，刃面一般较薄，而中间的穿孔则变化较大，除与刃面平齐者外，还有一面凸出、两面凸出、甚至成层台形凸出者。其大小尺寸也差别较大，直径最大的约 24 厘米，最小的仅 7 厘米左右；孔径大的在 4 厘米以上，小的则不到 2 厘米。一般以直径 15 厘米、孔径 3 厘米左右者最为多见。

下面我们以经过科学发掘、且出土环刃石器数量较多的辽宁本溪市庙后山洞穴遗址为例，对环刃石器的具体特征加以说明。

庙后山遗址是辽宁省博物馆等单位在 1979 年和 1982 年发掘的，在遗址的 B、C 号洞穴墓地中共出有环刃石器 15 件，时代属于青铜时代早期，现部分藏于本溪市博物馆。

环刃石器在墓葬与遗址中均有出土，绝大部分为成品，个别的为半成品。其中又可根据刃部有无齿形而分为两类，在原简报中被分别称为"环状石器"和"齿形器"，前者 11 件，平面呈圆盘形，周边双面刃，向中心逐渐加厚，有的凸出成圆柱状，中心双面钻孔，多系紫黑色砂岩或变质岩磨制而成；后者 4 件，制作较前者更加精细，质料以泥灰岩为主，平面呈圆形齿轮状，周边密排着锯齿刃，中间凸起成柱状，对钻有长孔，按盘径又可分为大小两种，分工上应有所不同。

这种环刃石器在使用时均装有长柄（见图63），其功用我们认为有两种可能：一是用于砍伐或锯截的旋转式工具，特别是有锯齿的一种，不仅用于木作，还可能用于玉、石、骨料的切割；二是用作狩猎或械斗武器（尤其是刃部较钝厚的一种）。两种功能除在少数石器上有所分工外，大部分都是兼用的。因此，我们比较倾向于前面诸说的第一、二种。这种环刃石器的前身即是环状石器，从庙后山遗址所出土的纺锤状棍棒头可以看出二者之间的发展关系。至于环刃石器的去向，目前仍是个谜。有人认为其发展成"狼牙棒"之类的武器。

图63　环刃石器及其装柄方式示意

"璧玉"传奇

璧是人们比较熟悉的古董，多用美玉制成。《尔雅·释器》云："肉倍好谓之璧。"肉，是指璧的外环宽度；好，是指璧的内孔宽度。但实际上肉好比例并不是非常严格。

关于璧的形成，考古学界有两种说法。一种说法认为璧起源于环或镯一类的装饰品，因此其用途首先在于装饰，是一种特化了的装饰品（即除装饰外还具有了显示身份等级等用意）。另一种说法认为璧是从环形石斧演变而来的，而石斧在史前时期主要为男子使用，是一种砍伐工具或武器，因此，璧的用意也是象征着男性的阳刚、勇猛，并成为祭祀天神或祖先的礼器。

其实，上述两种说法都有其合理的一面，但又并不全面。璧最初起源于装饰品这一点应是不错的，但后来其用途发生了变化。特别是新石器时代晚期，璧由装饰品变成了祭祀祖先或神祇的专用品，只有神、祖或具有特殊神威（巫师、酋长等）的人才配享玉。这种观念一直影响到文明社会，至西周时期而被作为祭祀上天的专用品，并形成了一定的礼仪制度。如《周礼·春官·大宗伯》即曰："苍璧礼天，黄琮礼地。"

以上所说的璧基本上以玉璧为主，制作工艺十分高超，璧面光滑圆正，有的还配龙、附凤，在玉制礼器中占有非常突出的地位。但除玉璧之外还有一种石璧，做工远较玉璧简单粗糙，似乎不像是神、祖欣赏的祭祀品。这种石璧主要发现于我国西部内陆，早期以黄河上游地区的齐家文化为代表，尤其是甘肃武威皇娘娘台遗址出土最为集中，其中一墓即出石璧达80余件！晚期石璧主要发现于四川广汉县中兴乡一带。这里是古代蜀国的主要中心，历史上曾多次发现玉石礼器和青铜器，尤其是1986年一、二号蜀国器物坑的发现，为寻找广汉石璧的源流提供了极为重要的线索。

关于广汉石璧，曾有一段不同寻常的经历。这批石璧早在1929年就为广汉县中兴乡农民所发现。石璧原出于一窖藏中，成套叠放，总数达数十件，共存的还有其他玉器。后来不少学者前去搜集、发掘，部分石璧存于当时的华西大学博物馆。抗战爆发后，这批石璧有的被古董商人倒卖，有的转入私人之手，有的则被运往国外，好端端的一批石璧，连同其他玉器等被弄得七零八落。直到新中国成立后，部分石璧才回到四川省博物馆和四川大学博物馆。

正由于这批石璧饱经沧桑，因而幸存下来的便格外珍贵。要知道，这批石璧是颇有分量的：最大的外径达70.5厘米，孔径19厘米，厚6.8厘米，重达百斤以上，是名副其实的"璧王"。"璧王"以下的石璧大小依次递减，最小的外径11厘米，孔径4厘米，厚仅1厘米，均用砂石加工而成，打磨比较粗糙，磨镞痕迹明显（见图64）。

关于石璧的性质，目前说法不一：多数人认为是

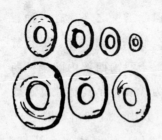

图 64　广汉石璧示意图

明器性的石礼器或祭祀用器；也有人因其粗糙笨重而持否定意见，认为称其为"璧"并不恰当；此外还有人认为它们是古代的一种货币或衡权，认为是货币的将之与后来的圜钱作比附，认为是衡权的目前已比较流行，并与文献记载相印证。而无论这类石璧作为礼器还是作为衡权，其作为一种财富或其象征的用意则是无可怀疑的。从石璧出土地点的文化遗物和周围遗址内涵看，其文化特点属于蜀文化风格，并与三星堆发现的两座器物坑有重要联系。从这一带历来出有玉石器的成品、半成品和石坯、石料等来看，这里应是古代蜀国的一个重要玉石手工业制作中心，它为我们了解蜀文化的历史提供了重要线索。

一件罕见的石排箫

排箫在我国音乐史上出现较早，它是由笛子发展而来的管乐器，古代一般用多根竹管排列制成，可奏出婉转悠扬的乐曲。

据目前所知，我国出现排箫的时间至少不晚于春秋时期，而且现存最早的排箫还是用石料制作的。

1978 年，河南省文物考古研究所在发掘淅川县下寺 1 号楚国贵族大墓时，出土了一件相当完整的石排箫，时代属于距今 2500 多年的春秋晚期。此件石排箫出土时已折断为两截，修复后略呈三角形，由 13 根白色石管组成，石料硬度较高，制作精致。排箫上端平齐，钻有 13 孔；下端长短依次递减，刻成 13 管并列之状，中间刻一横带，以示用带缚管。管壁厚 0.1 厘米，管与管之间壁厚不及 0.1 厘米。最长的一管长 15 厘米，孔深 1.75 厘米，孔径 0.45 厘米。管孔的深度与管长并不一致，但均未钻透。除第 7 管因口部已残，不能发音外，其余 12 管仍能吹出高低不同的音阶。测音结果表明，该排箫不仅音阶齐全，而且音域宽广，应

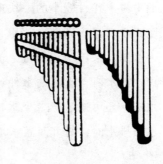

图 65　下寺楚墓石排箫

为实用器（见图 65）。它与湖北随州市曾侯乙墓出土的竹排箫形制相同，是中国此类乐器中的最早实物。

6　一件有趣的石刻模型

在四川峨眉县文物保管所，收藏着一件有趣的水塘水田石刻模型。这件模型是文管所的同志在 1977 年于双福公社一东汉砖室墓中清理出土的，它类似当时四川地区流行的画像砖和画像石，但却比它们更具有立体和透视效果，是当时水乡田园景色的一个缩影。

该模型用一块长石板雕刻而成，长 81 厘米，宽 49

厘米，高 10 厘米，平面被分成三小块：右边雕刻成一深水池塘，塘中有小船、鱼笼、龟、鸭、鱼、蟹、田螺等。一鸭正浮游水面追赶一尾小鱼，一蟹正用巨螯夹一鱼的尾巴，竹笼前端附一田螺，船边也有一田螺和一莲斗。左边两块中，较大的一块雕成一水田，有两农人正在水田中俯身农作，似在从事除草整禾一类的中耕工作；较小的一块应为积肥坑，坑中有两堆积肥，水田与水塘间有一水口，鱼笼附于口内，防鱼进入水田。水田与积肥坑之间也有一水口。显然，当水田中需水时，水塘的水便通过竹笼和第一个水口进入水田，还可通过第二个水口进入积肥坑中沤肥；而当水田排水时，既可回灌水塘，又可排入积肥坑中（见图 66）。

图 66　水塘水田模型示意图

　　整块模型均采用阴刻与高浮雕相结合的手法，画面简洁生动，特征突出，反映了东汉时期川南农村生产的真实景象，对研究汉代水田结构和中耕技术等是珍贵的实物资料。

长城脚下的石雷阵

我国古代战争中很早就使用石块来杀伤敌人。最初多是利用山坡或城墙的地势，居高临下抛掷石块或滚动石堆、木垒等，这就是古典文献和小说中常说的"滚木硙（音 léi）石"。我国至少在三国时就已发明了大批量抛掷石块的机械——抛石机（车），战船上的抛石机又叫"拍"。如曹操制造"发石车"攻破袁绍的军壁楼，东吴制造石"拍"以击沉曹兵战船等。因这种抛石机发石时声音很大，故又称"霹雳车"、"霹雳炮"。宋代以后又加以改进，不仅抛石，还把石头凿孔以填装火药和弹丸等，这就是最早出现的石雷。

石雷的使用大大增强了抛石机的杀伤力，并在南宋时期被改造为用火药推进的大炮、火炮等。后来这种大炮传到西域，元代初期蒙古人南下时就曾"得西域火炮，以机发石"。石雷也开始单独使用，尤其在攻守城池时大显神威。

到明代以后，除广泛使用火炮外，还发明了陶、石制作的地雷和炸弹等，其中又以在北京慕田峪关明长城所发现的石雷最引人注目。

慕田峪关位于北京市怀柔县境内，1984～1988 年间，为配合这一带长城的修复与开放，北京市文物工作者在调查、清理的过程中，发现了大量的石雷（石炮）和铁、石弹丸等。其中有两件威远石雷，用青石制成，圆柱体，腹部略鼓。完整的一件高 65 厘米，腹部直径 35 厘米，填药口口径 13 厘米，是明代一种典型的石制地雷。这种石雷形状如鼓，其空腹中可填装火药和石弹，用黄蜡和沥青封口，预先埋设在敌人出没的路上，遇敌时拉动引线，石雷爆炸，可大面积杀伤敌人。据明代文献记载，这种石雷可装药 2 斤、小石弹 100 个、大石弹 1 个。

在空心敌台遗址上所发现的石雷，总数已达数百枚，有的完好地成排摆放在一起，俨然形成了威不可侵的石雷阵（见图 67）。其中不少石雷的药膛中还保存着原来的黑色火药，说明它们是储备在敌台上以备反击入侵之敌的。其形态与前述石雷相同，亦均用青石凿成，通高 26～27 厘米，直径 14～16 厘米，填药口直径 6 厘米左右，故比威远石雷形体要小。

图 67　长城石雷摆放示意图

除单眼石雷外，还在 17 号空心敌台发现双眼石雷和四眼石雷各一枚，系青石凿成的连体石雷，用以增强其爆炸能力。双眼石雷高 28.5 厘米，长 22 厘米，填药口直径 5 厘米，膛深 17.5～18.5 厘米；四眼石雷高 17.5 厘米，长 36 厘米，填药口直径 4 厘米，膛深

11厘米。这些石雷在装药后，多用芦苇筒安装引线，再将口部用泥土筑实。当敌人接近高墙时，点燃引线，从垛口抛出去，药燃雷炸，杀伤敌人，类似后来的手雷或手榴弹，是明代守边士卒常用的火器。

此外，与威远石雷一同发现的还有数十枚石弹和铁弹等，二者形体大小接近，直径 5～6 厘米左右，通常是与火药一同被装入石雷中。当石雷爆炸时，石弹与铁弹即飞射而出，可多方位、大面积击伤敌人。

慕田峪关发现的大量石雷，说明明代的边防能力已有了很大提高，对火药性能也有了更为广泛的认识，展现了我国古代军事技术的光辉历史。

8　未名湖畔话石舫

在美丽的北京大学校园里，有一片美丽的水面，这就是"未名湖"。在未名湖的中心，有一座别致的湖心岛，岛的东侧湖畔，躺着一艘巨大的石船，这就是当年清朝贵族和珅所造的石舫。

这艘石舫原与颐和园昆明湖畔的石舫一样华美，但它的确是个"私生子"，是一个地地道道的祸根。因为这一石舫，当时权倾一朝、富甲天下的和珅被抄家灭门，他所苦心经营的淑春园（今北大燕园及附近）也从此日落西山。留给后人的多半是残山断水，已远非昔日的富丽堂皇了。

说起石舫的来历，《说文解字》曰："方，併（并）船也。"《尔雅·释言》注亦云："竝（并）两船。"意即两船相并，后来发展为装饰性很强的游舫、画舫，以至临水的亭堂等也多仿其式样。因亭堂多为石料雕砌，故逐渐形成了石舫。未名湖畔的石舫，是仅次于昆明湖石舫的第二大石舫。两舫同建于乾隆二十年（1755 年），当时和坤不顾逾制，一味仿效皇上，他的淑春园"园富点缀，与圆明园蓬岛、瑶台无异"。又贸然仿造石舫，终因之而被杀。石舫未成而身先死，可谓咎由自取。

昆明湖畔的石舫，原在石座之上建有木结构中式舱楼，后被英法联军烧毁。光绪十九年（1893 年），仿外国游轮重建西式舱楼，并取"河清海晏"之义，命名为"清晏舫"。两层舱楼为木结构，但都油饰成大理石纹样，气势宏伟壮观。顶部用砖雕装饰，精彩华丽。石舫体长 36 米，用巨石雕砌，船体部分有四个龙头突出在外，每当下雨，雨水自舱顶四角的四根空心柱子流下，通过龙口泻入湖中，其设计之巧妙，工艺之精良，为古今罕见，由此也可以想见未名湖石舫昔日的风采。

参考书目

1. 尹达：《中国新石器时代》，生活·读书·新知三联书店，1955。

2. 袁珂：《中国古代神话》，中华书局，1959。

3. 何兹全：《中国通史参考资料》第一册，中华书局，1962。

4. 中国科学院考古研究所：《西安半坡》，文物出版社，1963。

5. 贾兰坡：《中国猿人及其文化》，中华书局，1964。

6. 贾兰坡：《祖国大陆上的远古居民》，天津人民出版社，1978。

7. 贾兰坡主编《人类的黎明》，上海科学技术出版社。三联书店香港分店，1983。

8. 宋兆麟等：《中国原始社会史》，文物出版社，1983。

9. 中国社会科学院考古研究所编《新中国的考古发现和研究》，文物出版社，1984。

10. 中国社会科学院考古研究所编《殷墟发掘报告》，文物出版社，1987。

11. 徐旭生：《中国古史的传说时代》，文物出版社，1985。

12. 田昌五主编《华夏文明》第一、二集，北京大学出版社，1987、1990。

13. 湖北省博物馆：《曾侯乙墓》（上、下），文物出版社，1989。

14. 文物编辑委员会：《文物考古工作十年》（1979～1989），文物出版社，1990。

15. 张之恒、吴建民：《中国旧石器时代文化》，南京大学出版社，1991。

16. 中国社会科学院考古研究所编《中国考古学论丛》，科学出版社，1993。

17. 王钟翰编《中国民族史》，中国社会科学出版社，1994。

《中国史话》总目录

系列名	序 号	书 名	作 者
物化历史系列（28种）	25	陵寝史话	刘庆柱　李毓芳
	26	敦煌史话	杨宝玉
	27	孔庙史话	曲英杰
	28	甲骨文史话	张利军
	29	金文史话	杜 勇　周宝宏
	30	石器史话	李宗山
	31	石刻史话	赵 超
	32	古玉史话	卢兆荫
	33	青铜器史话	曹淑芹　殷玮璋
	34	简牍史话	王子今　赵宠亮
	35	陶瓷史话	谢端琚　马文宽
	36	玻璃器史话	安家瑶
	37	家具史话	李宗山
	38	文房四宝史话	李雪梅　安久亮
制度、名物与史事沿革系列（20种）	39	中国早期国家史话	王 和
	40	中华民族史话	陈琳国　陈 群
	41	官制史话	谢保成
	42	宰相史话	刘晖春
	43	监察史话	王 正
	44	科举史话	李尚英
	45	状元史话	宋元强
	46	学校史话	樊克政
	47	书院史话	樊克政
	48	赋役制度史话	徐东升

系列名	序号	书　名	作　者
制度、名物与史事沿革系列（20种）	49	军制史话	刘昭祥　王晓卫
	50	兵器史话	杨　毅　杨　泓
	51	名战史话	黄朴民
	52	屯田史话	张印栋
	53	商业史话	吴　慧
	54	货币史话	刘精诚　李祖德
	55	宫廷政治史话	任士英
	56	变法史话	王子今
	57	和亲史话	宋　超
	58	海疆开发史话	安　京
交通与交流系列（13种）	59	丝绸之路史话	孟凡人
	60	海上丝路史话	杜　瑜
	61	漕运史话	江太新　苏金玉
	62	驿道史话	王子今
	63	旅行史话	黄石林
	64	航海史话	王　杰　李宝民　王　莉
	65	交通工具史话	郑若葵
	66	中西交流史话	张国刚
	67	满汉文化交流史话	定宜庄
	68	汉藏文化交流史话	刘　忠
	69	蒙藏文化交流史话	丁守璞　杨恩洪
	70	中日文化交流史话	冯佐哲
	71	中国阿拉伯文化交流史话	宋　岘

系列名	序号	书名	作者
思想学术系列（21种）	72	文明起源史话	杜金鹏　焦天龙
	73	汉字史话	郭小武
	74	天文学史话	冯时
	75	地理学史话	杜瑜
	76	儒家史话	孙开泰
	77	法家史话	孙开泰
	78	兵家史话	王晓卫
	79	玄学史话	张齐明
	80	道教史话	王卡
	81	佛教史话	魏道儒
	82	中国基督教史话	王美秀
	83	民间信仰史话	侯杰
	84	训诂学史话	周信炎
	85	帛书史话	陈松长
	86	四书五经史话	黄鸿春
	87	史学史话	谢保成
	88	哲学史话	谷方
	89	方志史话	卫家雄
	90	考古学史话	朱乃诚
	91	物理学史话	王冰
	92	地图史话	朱玲玲

系列名	序号	书名	作者
文学艺术系列（8种）	93	书法史话	朱守道
	94	绘画史话	李福顺
	95	诗歌史话	陶文鹏
	96	散文史话	郑永晓
	97	音韵史话	张惠英
	98	戏曲史话	王卫民
	99	小说史话	周中明　吴家荣
	100	杂技史话	崔乐泉
社会风俗系列（13种）	101	宗族史话	冯尔康　阎爱民
	102	家庭史话	张国刚
	103	婚姻史话	张　涛　项永琴
	104	礼俗史话	王贵民
	105	节俗史话	韩养民　郭兴文
	106	饮食史话	王仁湘
	107	饮茶史话	王仁湘　杨焕新
	108	饮酒史话	袁立泽
	109	服饰史话	赵连赏
	110	体育史话	崔乐泉
	111	养生史话	罗时铭
	112	收藏史话	李雪梅
	113	丧葬史话	张捷夫

系列名	序号	书名	作者	
	114	鸦片战争史话	朱谐汉	
	115	太平天国史话	张远鹏	
	116	洋务运动史话	丁贤俊	
	117	甲午战争史话	寇伟	
	118	戊戌维新运动史话	刘悦斌	
	119	义和团史话	卞修跃	
	120	辛亥革命史话	张海鹏	邓红洲
	121	五四运动史话	常丕军	
	122	北洋政府史话	潘荣	魏又行
	123	国民政府史话	郑则民	
	124	十年内战史话	贾维	
近代政治史系列（28种）	125	中华苏维埃史话	杨丽琼	刘强
	126	西安事变史话	李义彬	
	127	抗日战争史话	荣维木	
	128	陕甘宁边区政府史话	刘东社	刘全娥
	129	解放战争史话	朱宗震	汪朝光
	130	革命根据地史话	马洪武	王明生
	131	中国人民解放军史话	荣维木	
	132	宪政史话	徐辉琪	付建成
	133	工人运动史话	唐玉良	高爱娣
	134	农民运动史话	方之光	龚云
	135	青年运动史话	郭贵儒	
	136	妇女运动史话	刘红	刘光永
	137	土地改革史话	董志凯	陈廷煊
	138	买办史话	潘君祥	顾柏荣
	139	四大家族史话	江绍贞	
	140	汪伪政权史话	闻少华	
	141	伪满洲国史话	齐福霖	

系列名	序号	书名	作者
近代经济生活系列（17种）	142	人口史话	姜涛
	143	禁烟史话	王宏斌
	144	海关史话	陈霞飞 蔡渭洲
	145	铁路史话	龚云
	146	矿业史话	纪辛
	147	航运史话	张后铨
	148	邮政史话	修晓波
	149	金融史话	陈争平
	150	通货膨胀史话	郑起东
	151	外债史话	陈争平
	152	商会史话	虞和平
	153	农业改进史话	章楷
	154	民族工业发展史话	徐建生
	155	灾荒史话	刘仰东 夏明方
	156	流民史话	池子华
	157	秘密社会史话	刘才赋
	158	旗人史话	刘小萌
近代中外关系系列（13种）	159	西洋器物传入中国史话	隋元芬
	160	中外不平等条约史话	李育民
	161	开埠史话	杜语
	162	教案史话	夏春涛
	163	中英关系史话	孙庆

系列名	序号	书名	作者
近代中外关系系列（13种）	164	中法关系史话	葛夫平
	165	中德关系史话	杜继东
	166	中日关系史话	王建朗
	167	中美关系史话	陶文钊
	168	中俄关系史话	薛衔天
	169	中苏关系史话	黄纪莲
	170	华侨史话	陈 民 任贵祥
	171	华工史话	董丛林
近代精神文化系列（18种）	172	政治思想史话	朱志敏
	173	伦理道德史话	马 勇
	174	启蒙思潮史话	彭平一
	175	三民主义史话	贺 渊
	176	社会主义思潮史话	张 武 张艳国 喻承久
	177	无政府主义思潮史话	汤庭芬
	178	教育史话	朱从兵
	179	大学史话	金以林
	180	留学史话	刘志强 张学继
	181	法制史话	李 力
	182	报刊史话	李仲明
	183	出版史话	刘俐娜
	184	科学技术史话	姜 超

系列名	序号	书名	作者
近代精神文化系列（18种）	185	翻译史话	王晓丹
	186	美术史话	龚产兴
	187	音乐史话	梁茂春
	188	电影史话	孙立峰
	189	话剧史话	梁淑安
近代区域文化系列（一种）	190	北京史话	果鸿孝
	191	上海史话	马学强　宋钻友
	192	天津史话	罗澍伟
	193	广州史话	张　苹　张　磊
	194	武汉史话	皮明庥　郑自来
	195	重庆史话	隗瀛涛　沈松平
	196	新疆史话	王建民
	197	西藏史话	徐志民
	198	香港史话	刘蜀永
	199	澳门史话	邓开颂　陆晓敏　杨仁飞
	200	台湾史话	程朝云